Expertos
Curso de español orientado al mundo del trabajo
Libro del alumno

Accompanying
CD/CDs in the pocket
at the front/back of
the book

Marcelo Tano

CRL
468 TAN
7day

Expertos

Autor
Marcelo Tano
Asesoría y revisión
Agustín Garmendia
Coordinación editorial y redacción
Jaime Corpas, Laia Sant
Diseño y dirección de arte
Enric Jardí
Maquetación
Guillermo Bejarano
Ilustración
Piet Lüthi, Pablo Moreno

Audiciones CD
Blind Records. **Locutores** Cristina Carrasco (España), Luis García Márquez (España), Julián Kancepolski (Argentina), Dayón Moíz (Venezuela), Eduardo Pedroche (España), Laia Sant (España), Jaime Corpas (España). **Música** pista 5 Electricity, Alexander Blu/Jamendo; pistas 11 y 12 May, Alexander Blu/ Jamendo; pista 14 Sounds of reeds, Michalko Wawrzyn/ Jamendo; pista 23 Beginning, Alexander Blu/Jamendo

Todas las canciones de www.jamendo.com están sujetas a una licencia de Creative Commons (Reconocimiento-Compartir bajo la misma licencia 3.0).

DVD Emprendedores
Prodimag. **Vídeos** Todos los vídeos han sido cedidos por la Fundación Banesto Sociedad y Tecnología y por Emprendedores TV.

Fotografías
Cubierta PhotoAlto/Eric Audras/Getty Images, Luvablelou/ Sxc.hu; **Unidad 1** págs. 11-12 Justin Pumfrey/Getty Images; pág. 13 Yanc/Dreamstime.com; pág. 21 Logos/Stockxpert. com, Lena Bernatsky/Dreamstime.com, Laia Sant; pág. 22 Alquimia Cinema/Album; **Unidad 2** págs. 24-25 Marc Oeder/ Getty Images; pág. 26 Zokara/Dreamstime.com; pág. 29 Tund/Dreamstime.com, Moemrik/Dreamstime.com, Ljupco/ Dreamstime.com, Gataloca/Dreamstime.com, Blacqbook/ Stockxpert.com; pág. 32 Kornilovdream/Dreamstime.com; **Unidad 3** págs. 36-37 Alex Mares-Manton/Getty Images; pág. 39 Xavi/Flickr.com; pág. 44 Lali Masriera/Flickr.com; págs. 46-47 Antoni Traver/Fotolia.com, Photooiasson/Dreamstime. com, Vtupinamba/Dreamstime.com, Freefly/Dreamstime. com, Ungorf/Dreamstime.com; **Unidad 4** págs. 48-49 Marvin E. Newman/Getty Images; pág. 52 Alexander Raths/Fotolia. com; **Unidad 5** págs. 60-61 ColorBlind Images /Getty Images; pág. 63 Robert Paul van Beets/Fotolia.com; pág. 64 Kbfmedia/ Dreamstime.com, Lisafx/Dreamstime.com, Frank Boston/Fotolia.

com; pág. 69 Photong/Dreamstime.com; pág. 70 Mango; pág. 71 Fotandy/Dreamstime.com; **Unidad 6** págs. 72-73 Marvin E. Newman/Getty Images; pág. 74 Stylephotographs/Dreamstime. com, Redbaron/Dreamstime.com; pág. 76 Boris Peterka/Sxc. hu, Ivan Soares Ferrer/Sxc.hu; pág. 80 Sutashiku/Dreamstime. com, Petdcat/Dreamstime.com, Mihhailov/Dreamstime.com; pág. 81 Loveliestdreams/Dreamstime.com, Lisafx/Stockxpert.com, Harry Keely/Sxc.hu, Helmut Gevert/Sxc.hu, Corepix/Dreamstime. com, P. Wei/iStock.com; **Unidad 7** págs. 84-85 Kohei Hara / Getty Images; pág. 86 World Economic Forum/Flickr.com, Razvanjp/Dreamstime.com; pág. 88 Andresr/Dreamstime.com; pág. 92 Graf_es/Dreamstime.com, Macdougy/Dreamstime.com, Kk5hy/Dreamstime.com, Greenland/Dreamstime.com; **Unidad 8** págs. 96-97 James Schnepf/Getty Images; pág. 98 Anderson Carvalho/Sxc.hu; pág. 99 Robert Lincolne/Sxc.hu, Ivana De Battisti/Sxc.hu; pág. 100 LotusHead/Sxc.hu, Sulaco229/Sxc. hu; pág. 104 Luisafernandab2002/Dreamstime.com, Rapid Eye Media/iStock.com; pág. 105 Laia Sant; pág. 107 Nestor Galina/ Flickr.com, Staphy/Dreamstime.com; **DVD Emprendedores** pág. 113 Redbaron/Dreamstime.com; **Documentos para el trabajo** pág. 128 Laia Sant

Todas las fotografías de www.Flickr.com.com están sujetas a una licencia de Creative Commons (Reconocimiento 2.0 y 3.0).

Agradecimientos del autor
«A Agustín, Jaime y Laia, por su confianza y sus consejos didácticos.»
«A Damaris, Estelle y Étienne, para quienes la lengua castellana es o será un instrumento de trabajo y mucho más.»

La editorial agradece la colaboración de Lidia Meca (Mango), Vicky Zuasti (Fundación Banesto Sociedad y Tecnología).

© Los autores y Difusión, S.L. Barcelona 2009
Reimpresión: diciembre 2012
ISBN: 978-84-8443-586-0
Depósito Legal: B-33169-2012
Impreso en España por Novoprint

© del DVD Emprendedores: Banesto Fundación Sociedad y Tecnología Barcelona 2009

difusión
Centro de Investigación y Publicaciones de Idiomas, S. L

C/ Trafalgar, 10, entlo. 1ª
08010 Barcelona
Tel. (+34) 93 268 03 00
Fax (+34) 93 310 33 40
editorial@difusion.com

www.difusion.com

Banesto
Fundación Sociedad y Tecnología

Emprendedores tv .com

Presentación

EXPERTOS es un manual de español de nivel B2 dirigido a estudiantes que necesitan este idioma para desenvolverse en ámbitos laborales y que desean formarse para trabajar en un contexto mundial de constantes intercambios. Sabemos que, hoy en día, la lengua española es el vehículo de comunicación en proyectos realizados por muchas empresas e instituciones a nivel internacional. En este sentido, este nuevo método puede ser utilizado tanto por estudiantes de formación profesional, de escuelas técnicas medias y superiores y de universidades, como también por profesionales en ejercicio que quieran mejorar sus conocimientos de la lengua.

Este curso se puede utilizar como continuación de la serie **SOCIOS** o **COLEGAS** o de manera independiente. En su concepción, se ha tenido en cuenta la perspectiva orientada a la acción propuesta en el Marco Común Europeo de Referencia y se han seguido las pautas del Plan Curricular del Instituto Cervantes. Además, **EXPERTOS** es un curso adaptado a los contenidos requeridos en el Certificado de Español de los Negocios de la Cámara de Comercio de Madrid.

El aula, espacio social de coaprendizaje, es el contexto ideal para la realización de actividades centradas en el intercambio significativo de información, que los alumnos llevan a cabo desde su propia identidad. Para lograr este intercambio con una mayor implicación, se han diseñado situaciones que incitan a la negociación y que ofrecen una gran variedad de contextos. Este tipo de actividades permite desarrollar estrategias de comunicación que el aprendiente podrá aplicar en contextos reales y que, en definitiva, promueve su autonomía.

El trabajo léxico cobra en este nivel una especial importancia, pues permitirá avanzar en la adquisición de un vocabulario rentable y útil para poder afrontar situaciones múltiples en contextos laborales. Para ello se han creado y seleccionado documentos, ejercicios y temas que introducirán al alumno en las peculiaridades del mundo del trabajo.

Las actividades se disponen en cada unidad según la siguiente secuencia:

- actividades de comprensión, pensadas para contextualizar los usos de la lengua;
- actividades de observación y conceptualización, concebidas para comprender cómo funciona el idioma;
- actividades de producción, destinadas a integrar los contenidos de las unidades y a materializarlos a través de minitareas y de una tarea final.

El **Libro del alumno** va acompañado de un CD con audiciones y de un DVD con reportajes sobre distintas empresas. El libro contiene, además, dos anexos: uno que incluye actividades de explotación del *DVD Emprendedores* y otro, *Documentos para el trabajo*, en el que se presentan distintos modelos de textos de uso muy frecuente en ámbitos laborales y se analizan sus estructuras. El **Cuaderno de ejercicios** es un complemento necesario para ampliar y reforzar los contenidos de las unidades. Es también un componente indispensable el **Libro del profesor**, que da las pautas generales para la utilización del manual, explica cómo poner en práctica las actividades y brinda ideas alternativas de uso.

Tenemos pleno convencimiento de que este nuevo manual ayudará y motivará a profesores y alumnos en su objetivo de seguir perfeccionando la lengua española desde una perspectiva realista y pragmática.

¿Cómo es **Expertos**?

La cita, extraída siempre de un autor de habla hispana o del acervo popular español, ofrece la posibilidad de acercarse al tema de la unidad desde una perspectiva cultural, propiciando el comentario, el debate y el análisis por parte del grupo de alumnos.

En este libro encontrará ocho unidades didácticas con la siguiente estructura:

PORTADILLA

La imagen de esta doble página invita al alumno a tomar contacto con el tema principal de la unidad. Además, brinda la ocasión al profesor de reactivar los conocimientos previos de sus alumnos y de evaluarlos, a la vez que introduce, de manera intuitiva, parte del vocabulario necesario a lo largo de la unidad.

El cuadro de contenidos especifica la tarea final y las tareas preparatorias –o minitareas– que se llevarán a cabo en la unidad. Enumera también los recursos léxicos, gramaticales y funcionales que se trabajarán para poder realizarlas, así como los aspectos culturales tratados.

CD 15-18 Este icono señala que la actividad se basa en la audición de un documento sonoro. Se indica la pista o pistas del CD en que se encuentra dicho documento.

ACERCAMIENTO

Las actividades de esta doble página proponen textos escritos y orales –auténticos, o equiparables a los auténticos– con los que los alumnos desarrollan especialmente sus competencias de comprensión. Gracias a estos documentos y a las actividades que con ellos se llevan a cabo, los estudiantes se familiarizan con una serie de recursos lingüísticos (léxicos, gramaticales, textuales, etc.) necesarios para la realización de las tareas propuestas en la unidad.

■ Las muestras de lengua en rojo son un ejemplo de cómo se puede desarrollar oralmente la actividad propuesta. Su finalidad es servir de modelo o de inspiración y aclarar, si es necesario, qué tipo de producción se espera.

En algunos casos se ha considerado oportuno señalar, mediante un recurso gráfico especial, la conveniencia de desarrollar las estrategias de aprendizaje del alumno. En estos recuadros, y al hilo de una actividad que se ha realizado en clase, se propone una reflexión que ayudará al alumno a aprender de manera más eficaz y autónoma.

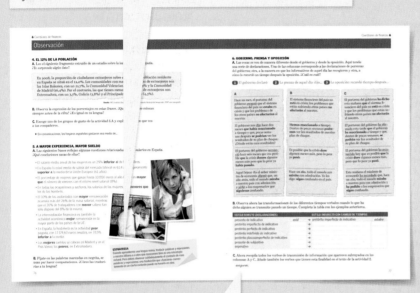

OBSERVACIÓN

En las actividades de esta sección los estudiantes se confrontan a una serie de producciones lingüísticas en las que predomina un cierto recurso (gramatical, léxico, funcional, etc.) y se centran, en primer lugar, en su significado. A continuación, se les propone que observen el funcionamiento de dicho recurso y que intenten construir la regla. Por último, se les ofrece la posibilidad de poner en práctica esa regla de manera muy pautada. Se pretende, de ese modo, que los alumnos desarrollen estrategias de aprendizaje propias y que sean autónomos dentro y fuera de clase.

Las muestras de lengua en azul son un ejemplo de cómo se puede desarrollar, por escrito, la actividad propuesta. Su finalidad es servir de modelo o inspiración y aclarar, si es necesario, qué tipo de producción se espera.

CONSULTORIO

En esta doble página se presenta una sistematización de las cuestiones gramaticales y funcionales que se tratan en la unidad. Como su nombre indica, su finalidad es ofrecer apoyo al alumno que desea consultar cómo funciona un cierto contenido lingüístico necesario para la realización de una actividad.

Tarea La tarea final, más global y compleja, requiere el uso de buena parte de los recursos aprendidos y la práctica de varias actividades lingüísticas (de comprensión, interacción y producción). Esta tarea se realiza a menudo en cooperación y requiere que los alumnos negocien entre ellos para llevarla a cabo.

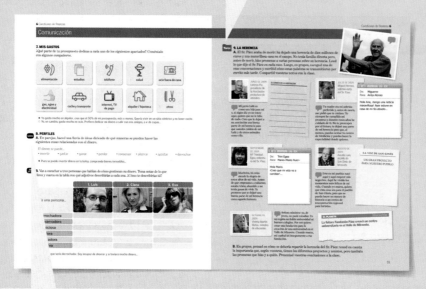

COMUNICACIÓN

Las actividades de esta sección, que culmina con la tarea final, preparan a los estudiantes para la realización de la misma. Al llevar a cabo esas tareas preparatorias o minitareas, los estudiantes movilizan los recursos aprendidos a lo largo de la unidad y realizan producciones orales o escritas inscritas en un contexto semejante al que podrían encontrar en situaciones reales.

Léxico Este icono indica que la actividad ha sido concebida para desarrollar la competencia léxica del alumno. Para ello, propone mecánicas en las que el estudiante asimila el significado del vocabulario e interioriza su uso partiendo siempre de formas contextualizadas y teniendo en cuenta las implicaciones gramaticales.

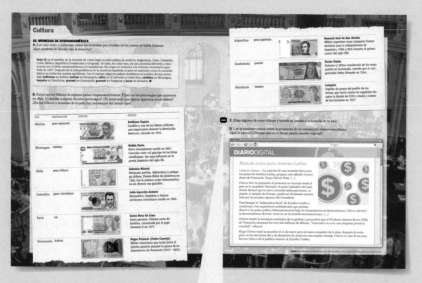

CULTURA

En esta última sección se proponen textos de procedencia y tipología muy variadas, que ofrecen información de interés cultural vinculada al tema de la unidad. Los alumnos entran en contacto con diversos aspectos de la cultura española e hispanoamericana y realizan actividades de observación y concienciación intercultural.

www Este icono señala que la actividad requiere la búsqueda de documentos o informaciones en internet. Se trata a menudo de actividades de ampliación cercanas al mundo del alumno y que le permiten construir su conocimiento del español en relación con sus necesidades, intereses y gustos.

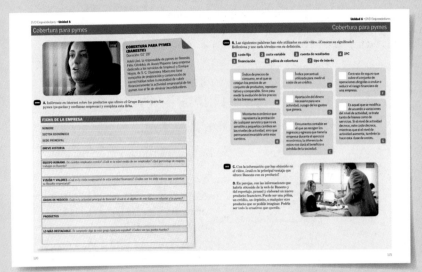

DVD EMPRENDEDORES

El *DVD Emprendedores* es uno de los elementos más originales e innovadores del presente manual. Este DVD propone ocho documentos audiovisuales de gran calidad técnica relacionados con las ocho unidades didácticas del libro. Los reportajes propuestos abordan los temas tratados en el manual desde una perspectiva muy actual al tiempo que muestran las experiencias vitales y profesionales de emprendedores de muy diferentes tipos, por lo que tienen un indudable interés cultural y social.

Al final del libro, un anexo recoge las propuestas de explotación de los 8 reportajes. Se trata de actividades de comprensión audiovisual, aprendizaje del léxico, observación y sensibilización intercultural, búsqueda de información, etc. Su objetivo es aprovechar el gran potencial del material filmado y desarrollar competencias lingüísticas y culturales.

Cartas de presentación, de petición de disculpas, o de agradecimiento; informes, pedidos, facturas, reclamaciones, etc., son algunos de los modelos que los estudiantes encontrarán en este anexo. Para cada uno de ellos se proponen actividades de léxico, comprensión y producción de manera que los estudiantes incorporen a sus competencias el uso de estos textos como herramienta de trabajo.

DOCUMENTOS PARA EL TRABAJO

En este segundo anexo se presentan modelos de una gran variedad de textos necesarios para la realización de tareas comunes en el ámbito laboral. Cada texto está vinculado temática y comunicativamente a una unidad.

Las actividades propuestas para la explotación de estos textos sensibilizan al alumno ante el uso de determinadas fórmulas y ante las características específicas de estos documentos en español.

Índice

Índice

Documentos para el trabajo

pág. 126

Transcripciones

pág. 148

«Cuando el trabajo no constituye una diversión, hay que trabajar lo indecible para divertirse.»

ENRIQUE JARDIEL PONCELA (1901 - 1952), escritor español.

1

Incorporación inmediata

En esta unidad nos familiarizaremos con las ofertas y las demandas de empleo y...

- redactaremos un anuncio de trabajo.
- elaboraremos un currículum.
- escribiremos una carta de solicitud de empleo.

Para ello adquiriremos y manejaremos los siguientes...

recursos léxicos:

- vocabulario de las ofertas y las descripciones de empleo.
- vocabulario del currículum.

recursos gramaticales y funcionales:

- las construcciones pasivas e impersonales.
- la forma del futuro simple y su uso en algunos textos administrativos.
- la forma y algunos usos del imperativo afirmativo y negativo.
- la nominalización como recurso sintetizador en textos administrativos y periodísticos.
- las fórmulas propias de las cartas de demanda de empleo.

Y entraremos en contacto con aspectos culturales:

- una conocida obra de teatro llevada al cine.

Acercamiento

1. JEFE DE VENTAS

A. Lee este anuncio de trabajo y fíjate en su estructura. ¿A cuál de las siguientes informaciones corresponde cada una de las partes?

1. Dirección
2. Empresa o sector
3. Funciones
4. Requisitos
5. Puesto de trabajo

Teknoman RR.HH.

IMPORTANTE EMPRESA DEL SECTOR DE RECAMBIOS DE AUTOMÓVIL DESEA INCORPORAR PARA SUS OFICINAS DE CATALUÑA

JEFE DE VENTAS

PERFIL
La experiencia mínima en el sector será de cinco años (como Jefe de ventas al menos durante 3 años). Se exigirá capacidad de negociación con grupos de compra. Los conocimientos de inglés serán excluyentes. Se valorará además el manejo del idioma francés.

POSICIÓN
Bajo la supervisión del Director comercial, se responsabilizará de una red comercial para la implantación de nuevas líneas de producción. Se encargará asimismo de la promoción de dichos productos en toda la Unión Europea.

INTERESADOS
Enviar CV detallado, escrito a mano, con fotografía reciente, al apartado de correos n° 9970, Polígono Industrial Pedrosa, 08040 Barcelona.

B. Ahora responde a las siguientes preguntas.

1. ¿Qué responsabilidades se le encargarán a la persona contratada?
2. ¿Se necesita experiencia para presentarse al puesto?
3. ¿Se le exigirá alguna capacidad especial al profesional contratado?
4. ¿Se valorarán algunos conocimientos específicos? ¿Cuáles?
5. ¿Qué deben hacer los interesados que lean el anuncio?

C. ¿Hay alguna en este anuncio que te sorprenda o que en tu país sería diferente?

- Yo creo que aquí normalmente no se pide una fotografía reciente, ¿no?
- No sé...

2. INGENIERO DE SISTEMAS

A. Lee este anuncio y luego marca en la lista las cualidades que deben reunir los candidatos. Si no entiendes algún término, usa el diccionario o pregúntale a tu profesor. Luego, comenta tus respuestas con tu compañero.

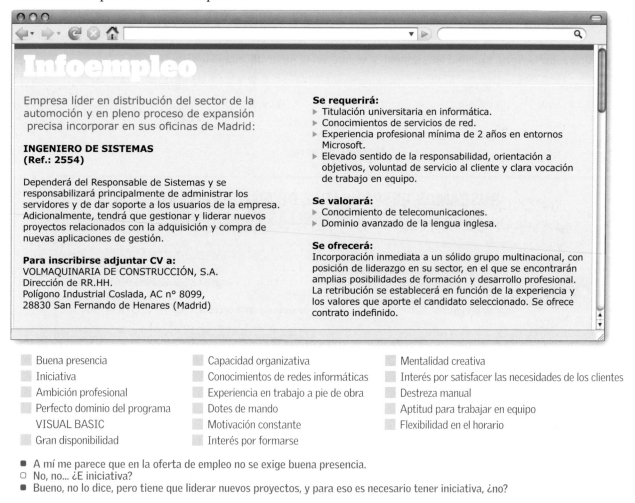

Infoempleo

Empresa líder en distribución del sector de la automoción y en pleno proceso de expansión precisa incorporar en sus oficinas de Madrid:

INGENIERO DE SISTEMAS
(Ref.: 2554)

Dependerá del Responsable de Sistemas y se responsabilizará principalmente de administrar los servidores y de dar soporte a los usuarios de la empresa. Adicionalmente, tendrá que gestionar y liderar nuevos proyectos relacionados con la adquisición y compra de nuevas aplicaciones de gestión.

Para inscribirse adjuntar CV a:
VOLMAQUINARIA DE CONSTRUCCIÓN, S.A.
Dirección de RR.HH.
Polígono Industrial Coslada, AC nº 8099,
28830 San Fernando de Henares (Madrid)

Se requerirá:
▸ Titulación universitaria en informática.
▸ Conocimientos de servicios de red.
▸ Experiencia profesional mínima de 2 años en entornos Microsoft.
▸ Elevado sentido de la responsabilidad, orientación a objetivos, voluntad de servicio al cliente y clara vocación de trabajo en equipo.

Se valorará:
▸ Conocimiento de telecomunicaciones.
▸ Dominio avanzado de la lengua inglesa.

Se ofrecerá:
Incorporación inmediata a un sólido grupo multinacional, con posición de liderazgo en su sector, en el que se encontrarán amplias posibilidades de formación y desarrollo profesional. La retribución se establecerá en función de la experiencia y los valores que aporte el candidato seleccionado. Se ofrece contrato indefinido.

▨ Buena presencia
▨ Iniciativa
▨ Ambición profesional
▨ Perfecto dominio del programa VISUAL BASIC
▨ Gran disponibilidad

▨ Capacidad organizativa
▨ Conocimientos de redes informáticas
▨ Experiencia en trabajo a pie de obra
▨ Dotes de mando
▨ Motivación constante
▨ Interés por formarse

▨ Mentalidad creativa
▨ Interés por satisfacer las necesidades de los clientes
▨ Destreza manual
▨ Aptitud para trabajar en equipo
▨ Flexibilidad en el horario

- A mí me parece que en la oferta de empleo no se exige buena presencia.
- No, no... ¿E iniciativa?
- Bueno, no lo dice, pero tiene que liderar nuevos proyectos, y para eso es necesario tener iniciativa, ¿no?

[CD 1-3] **B.** Vas a escuchar tres conversaciones. ¿Cuál de ellas se refiere al anuncio?

[Léxico] **C.** Las siguientes expresiones son frecuentes en el ámbito profesional. Búscalas en el texto y asegúrate de que las entiendes. Luego, busca otras maneras de decir lo mismo y la traducción a tu lengua.

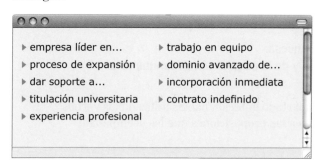

▸ empresa líder en...
▸ proceso de expansión
▸ dar soporte a...
▸ titulación universitaria
▸ experiencia profesional

▸ trabajo en equipo
▸ dominio avanzado de...
▸ incorporación inmediata
▸ contrato indefinido

ESTRATEGIA
En cualquier texto y, sobre todo, en textos especializados, encontrarás expresiones más o menos fijas que funcionan como un todo. Puedes hacer muchas cosas para familiarizarte con ellas:
- marcarlas,
- buscar un equivalente de la expresión completa en tu lengua,
- fijarte en las preposiciones que las acompañan...

Observación

3. SE VALORARÁ LA EXPERIENCIA

A. Los siguientes fragmentos provienen del anuncio de la actividad 1. Fíjate en los verbos subrayados: están conjugados en un mismo tiempo. ¿Sabes cuál es?

- El jefe de ventas <u>se responsabilizará</u> de...
- <u>Se encargará</u> asimismo de la promoción...
- <u>Se exigirá</u> capacidad de negociación.
- Los conocimientos de inglés <u>serán</u> excluyentes.

B. Ahora, en parejas, escribid los siguientes verbos en el lugar adecuado del anuncio.

- asumir
- seguir
- entrar
- ser
- buscar
- garantizar
- deber
- estar
- trabajar

Hoteles Jiménez
★★★★★

BUSCAMOS RESPONSABLE DE MANTENIMIENTO PARA HOTEL DE 4 ESTRELLAS EN ALICANTE

- Con contrato indefinido, su calendario laboral _____ regido por el convenio de hostelería.
- _____ las responsabilidades del área de mantenimiento (suministros, reparaciones y contratos con empresas externas).
- _____ la máxima seguridad de las instalaciones y _____ la optimización de la energía y el reciclaje.
- _____ la política y los procedimientos establecidos por la dirección y _____ sensible a los riesgos laborales.
- _____ a jornada completa.
- _____ tener disponibilidad en caso de incidencias y _____ en los turnos de guardia de la dirección.

Incorporación inmediata
Salario: 28 000 € brutos al año.

---

4. EN DEPENDENCIA DEL...

A. Frases como las siguientes suelen aparecer en los anuncios de empleo. Los fragmentos resaltados usan sustantivos para expresar algo que, en un registro más informal, oral o escrito, se podría expresar con un verbo. En parejas, reescribid esos fragmentos como en el ejemplo. Atención: podéis necesitar un infinitivo o una forma conjugada.

1. El jefe de ventas, **en dependencia** directa **de**l director, se responsabilizará de una red comercial.

   El jefe de ventas, que dependerá directamente del director, se responsabilizará de una red comercial.

2. Se exige **incorporación inmediata** al puesto de trabajo.
3. Sus tareas principales serán **la promoción de nuevos productos y la fidelización de los clientes**.
4. Se requerirá **un conocimiento profundo del mercado europeo**.
5. El candidato deberá mostrar **dominio del idioma inglés**.
6. Se valorará además **el manejo fluido de la lengua francesa**.
7. Será responsable de **la negociación con proveedores y de la adquisición de maquinaria**.

Léxico **B.** En las transformaciones que habéis realizado en el apartado anterior, habéis utilizado los verbos correspondientes a algunos sustantivos. Anotadlos junto a las preposiciones que los acompañan.

dependencia - depender de

5. SE DESEA INCORPORAR VENDEDOR

A. A continuación tienes una serie de expresiones muy utilizadas en anuncios de trabajo.
Asócialas con el objetivo correspondiente.

Se requiere amplia experiencia...

Ingresos anuales negociables según valía y experiencia...

Se necesitan 5 camareros/as...

En nuestra compañía la jornada de trabajo es intensiva...

Se busca jefe de mantenimiento...

Hace falta mando intermedio...

Dietas en caso de desplazamiento...

El salario mínimo será del orden de...

Se precisa ejecutivo trilingüe español-francés-inglés...

Se desea incorporar vendedor...

Remuneración a convenir según aptitudes...

Se valorarán conocimientos del mercado africano...

A Formular una oferta de empleo   **B** Proponer una remuneración   **C** Describir el puesto de trabajo

B. Muchas de las expresiones anteriores contienen formas impersonales: **se** + 3.ª persona
del singular o del plural. Márcalas. ¿En tu lengua se usa un estructura semejante a esta?

6. ¿EL PRIMER EMPLEO O SALIR DEL PARO?

A. Estas dos listas de recomendaciones para redactar un CV tienen dos destinatarios
diferentes: jóvenes que buscan su primer empleo y personas con experiencia laboral que se
encuentran en paro. ¿A qué grupo de destinatarios se dirige cada una?

NO HAGAS tu CV en ningún papel especial. Intenta parecer "profesional".

EVITA el lenguaje familiar: estás entrando en el mundo profesional.

Si solicitan una fotografía, **PON** una reciente y en actitud seria; ¡**NO ENVÍES** nunca una foto personal!

NO ESCRIBAS oraciones inútiles que no aportan nada.

NO FIRMES el currículum.

SÉ concreto, claro y esquemático: si tu currículum no se entiende, irá a la papelera.

NO USES una dirección electrónica "poco seria": si el empresario recibe un correo de soy_el_mejor@hotmail.es, seguramente no lo abrirá.

Si te escriben pidiéndote alguna información complementaria, **RESPONDE** lo antes posible.

• **Ponga** énfasis en aquellas características que sean especialmente aptas para el puesto.

• Si no recibe respuesta, **no envíe** cartas o correos electrónicos preguntando si han recibido su CV. **Evite** parecer ansioso.

• No **firme** el currículum.

• **No escriba** el currículum a mano, excepto si lo solicitan explícitamente en la oferta de empleo.

• **Sea** honesto respecto a su situación: si usted está desempleado, no lo oculte.

• **No use** frases hechas ni redundantes.

• **No haga** mención a las razones por las que está desempleado. Un CV no es el lugar para eso.

• Si le escriben pidiendo alguna información complementaria, **responda** lo antes posible.

B. En parejas, observad los dos textos: uno se dirige al lector con la forma **tú** y el otro, con la forma **usted**.
Completad luego este cuadro para sistematizar la conjugación del imperativo afirmativo y del negativo.

IMPERATIVO AFIRMATIVO						IMPERATIVO NEGATIVO					
	–ar	**–er / –ir**					**–ar**	**–er / –ir**			
	EVITAR	RESPONDER	SER	PONER			USAR	ESCRIBIR	SER	HACER	
(tú)	evit	respond	s	pon		(tú)	no us	no escrib	no s	no ha	
(usted)	evit	respond	s	pon		(usted)	no us	no escrib	no s	no ha	

Consultorio

CONSTRUCCIONES PASIVAS E IMPERSONALES

A veces, sobre todo en textos escritos, nos interesa destacar quién o qué recibe la acción, o resaltar esa acción. Para ello existen diferentes recursos.

La voz pasiva: ser + participio (+ por + complemento agente)

Se forma con el verbo **ser**, conjugado en el tiempo que corresponda, más un participio, que concuerda en género y en número con el sujeto paciente (la persona o cosa que recibe la acción).

- El director de RR.HH. diseñó la prueba.

- La prueba **fue diseñada** por el director de RR.HH.

- El pedido **ha sido entregado** en el plazo previsto.

- Tres hombres **fueron detenidos** ayer en Cádiz.

Se impersonal

Usamos la forma impersonal **se** + 3.ª persona del singular o del plural para hablar de una acción sin referirnos a quién la realiza. El verbo concuerda en número con el objeto o persona que recibe la acción.

- **Se necesitan** 5 camareros para restaurante en Murcia.

- **Se requiere** amplia experiencia internacional.

- El año pasado **se produjeron** 120 películas en España.

También usamos esta construcción cuando no hay objeto o persona que reciba la acción.

- En España **se suele** empezar a trabajar a las nueve.

DESCRIPCIÓN DE PUESTOS Y TAREAS: FUTURO SIMPLE

En textos administrativos, es frecuente el uso del futuro simple para describir puestos de trabajo, responsabilidades y procesos que se desarrollarán en el futuro.

- Su calendario laboral **estará** regido por el convenio de Hostelería.

- **Serán** responsabilidad suya las relaciones con los clientes internacionales y la elaboración de contratos.

- **Se encargará** de la optimización de la energía y velará por el uso racional de los recursos.

- Los candidatos **serán entrevistados** el día 15 de febrero a las 10 de la mañana y se identificarán ante el tribunal.

SINTETIZAR: LA NOMINALIZACIÓN

La nominalización es frecuente en textos sintéticos, como los periodísticos o los administrativos.

- El jefe de ventas es responsable de la **coordinación de los equipos de agentes comerciales**. [= ... coordinar los equipos de agentes comerciales]

- Se exigirá el **cumplimiento del contrato por parte del usuario**. [= ... que el usuario cumpla el contrato]

Los sustantivos utilizados en este tipo de construcciones pueden provenir de verbos o de adjetivos.

De verbos:

-ción/-cción/-sión:	la reducción, la inversión...
-ado/-ada/-ido/-ida:	el envasado, la recogida...
-miento (masc.):	el alojamiento, el tratamiento...

De adjetivos:

-ez/-eza (fem.):	la escasez, la franqueza...
-idad (fem.):	la complejidad, la fragilidad...

Estas estructuras nominales pueden obligar al uso de una preposición determinada.

Elaborar informes	→	**elaboración de** informes
Realizar tareas administrativas	→	**realización de** tareas administrativas
Incorporarse (el candidato) al puesto de trabajo	→	**incorporación (del** candidato) **al** puesto de trabajo
Renunciar (el aspirante) a ser recompensado	→	**renuncia (del** aspirante) **a** ser recompensado

EL IMPERATIVO

El imperativo solo tiene cuatro formas: las de las personas **tú, usted, vosotros** y **ustedes**. Las únicas formas genuinas son las del imperativo afirmativo de las personas **tú** y **vosotros**. Todas las demás formas son iguales a las del presente de subjuntivo.

La forma correspondiente a **tú** es igual a la del presente de indicativo sin la **-s** final.

cierra**s** → cierra   pierde**s** → pierde   vive**s** → vive

La de **vosotros** se forma sustituyendo la **-r** final del infinitivo por una **-d**.

cerra**r** → cerra**d**   perde**r** → perde**d**   vivi**r** → vivi**d**

Formas del imperativo afirmativo

	-ar EVITAR	**-er / -ir** RESPONDER
(tú)	evita	responde
(usted)	evite	responda
(vosotros)	evitad	responded
(ustedes)	eviten	respondan

Existen algunos verbos con una irregularidad que solo afecta a la persona **tú**.

poner → **pon**	salir → **sal**	venir → **ven**	hacer → **haz**
tener → **ten**	ser → **sé**	decir → **di**	ir → **ve**

Formas del imperativo negativo

	-ar USAR	**-er / -ir** ESCRIBIR
(tú)	no uses	no escribas
(usted)	no use	no escriba
(vosotros)	no uséis	no escribáis
(ustedes)	no usen	no escriba

Con el imperativo afirmativo, los pronombres se colocan después del verbo, formando una sola palabra. En cambio, con el imperativo negativo, los pronombres se colocan siempre antes del verbo.

- ■ ¿Qué hago con el informe?
- □ **Entrégueselo** al director, está en su despacho.
- ■ **No me pases** llamadas hasta que termine la reunión.

Usamos el imperativo para dar consejos, hacer sugerencias, establecer reglas, normas o prohibiciones, dar órdenes, etc.

De acuerdo, ¡lo haré!

Si tienes algún poblema, no dudes en preguntar a tus compañeros.

! El uso del imperativo para dar órdenes implica o bien un alto grado de confianza o bien una jerarquía muy marcada; por eso, es frecuente atenuar la fuerza de un imperativo justificándonos o introduciendo fórmulas de cortesía.

- ■ Mamá, me voy. Hasta luego.
- □ ¿Cómo que te vas? ¡**Ven** aquí inmediatamente!

- ■ ¿Vas a la calle?
- □ Sí.
- ■ Entonces **compra** el pan.

- ■ Fernández, **haga** 10 copias del informe y **déjelas** en la sala de reuniones, por favor.

LAS CARTAS DE SOLICITUD DE EMPLEO

Saludar
Muy señor/a mío/a:
Distinguido/a Sr./Sra.:
Sr./Sra. Director/a de Recursos Humanos:

Enviar una candidatura espontánea
Me permito dirigirle la presente para...
Me tomo la libertad de escribirle para...
Me dirijo a usted con el propósito de...

Hablar de su experiencia
Tengo una amplia experiencia en el campo de...
Creo poseer la práctica exigida para...
Como podrán ver en mi currículum...

Describir una función o un cargo
Ocupo/He ocupado/Ocupé el empleo de...
Desempeño/He desempeñado/desempeñé la función de...
Me encargo/encargué de...

Solicitar una entrevista
Le ruego que considere...
Estaría encantado de acudir próximamente a su empresa para...
Me gustaría poder hablar con usted sobre todo ello en...

Despedirse
Sin más, quedando a su disposición...
Le saluda muy atentamente, ...
Le reitero mi disponibilidad y le saludo muy respetuosamente.

Comunicación

7. AYÚDALE CON LA CARTA

Una empresa de aeronáutica ha publicado un anuncio de trabajo. Lee la carta que ha escrito
un candidato al puesto e intenta mejorarla según tu propia experiencia y según los consejos
del manual que puedes leer más abajo.

AERONÁUTICOS EN **RED**

Ingeniero de costes

Tipo de trabajo: Jornada completa
Duración del contrato: Indefinido
Localización: Madrid

Tareas:
- Redacción de documentos técnicos.
- Aplicación de las normativas del sector aerospacial.
- Aplicación de técnicas de reducción costes.

Experiencia:
- Mínimo dos años en un puesto similar.
- Experiencia en procesos de diseño de aeronaves.

Cualificaciones:
Ingeniero Técnico Aeronáutico

Cómo Contactar:
Enviar CV y carta de solicitud a:
entrega-CV-carta@aeronauticos.his,
con referencia Aero.RED_SELEC18

Aeronáuticos en red
Ref.: Aero.RED_SELEC18

Barcelona, 9 de julio.
Queridos señores:

Tengo la inmensa alegría de remitir mi currículum en respuesta al
anuncio en que se ofrece una plaza para personas como yo.
    Por la formación recibida y la experiencia que me asiste, me atrevo
a pensar que reúno las aptitudes necesarias para ocupar el puesto de
referencia y lograr los objetivos que me serán impartidos.
    Aunque nunca haya trabajado en reducción de costes, les ruego
que consideren no solo la adecuación del título universitario que me
acredita sino también los deberes específicos que me vengo desarrollando
desde hace tiempo en el sector de logística de vuelos internacionales,
lo cual me sitúa en una posición muy ventajosa para la redacción de
folletos y esas cosas. Todos mis familiares me dicen que estoy hecho
para trabajar con aviones y mi novia está totalmente de acuerdo en
que yo valgo mucho para este cargo. Además, los nuevos retos me
estimulan para emprender con entusiasmo nuevas responsabilidades.
    Mi disponibilidad para aceptar este tipo de encomienda laboral
está en consonante con mis aspiraciones profesionales. Me gustará
poder hablar con ustedes sobre todo ello y sobre otras cuestiones que
consideren oportunas, en una entrevista personal que confiadamente
solicito. No creo que se vayan a defraudar.
    Me despido de ustedes muy cordialmente y les envío un gran
abrazo.

Esteban Escudero Martínez
Avenida de los Pirineos, 81, 4.º, B
08001 Barcelona
Teléfono: 938 872 954 / 627 532 833
E-mail: e_escudero@difusion.com

Documento adjunto: CV

Manual de correspondencia

La carta de solicitud no suele exceder los cuatro o cinco párrafos:

1.er párrafo. Llama la atención sobre los factores que nos hacen
aptos para el puesto anunciado.

2.º párrafo. Hace referencia al CV adjunto dando más detalles
sobre los aspectos que coinciden con los requisitos requeridos.
Explica las razones por las que nuestra incorporación beneficiaría a la
empresa.

3.er párrafo. Explica por qué deseamos cambiar de puesto (si es el
caso) y hace referencia a nuestras pretensiones económicas (cuando
se solicitan).

4.º párrafo. Solicita una entrevista para poder comentar nuestras
aptitudes y contestar a cualquier pregunta.

· Las primeras palabras son muy significativas; debemos evitar
expresiones gastadas como "esta carta es en contestación de su
anuncio...". Es preciso impresionar al lector desde el principio para
mostrarle que somos la solución a su problema, diciéndolo de una
manera breve y directa: «Mis ... años de experiencia como ... me
capacitan ampliamente para el puesto que ustedes anuncian...».
· Para conseguir una entrevista es mejor proceder sin rodeos,
pidiéndola llanamente con el argumento de que así se podrá
aclarar cualquier cuestión.
· De acuerdo a las responsabilidades exigidas, nuestras pretensiones
económicas pueden variar. Es aconsejable mostrar cierta flexibilidad
en este punto. Si se trata de un cambio de empleo, se debe incluir
la razón que nos mueve a realizar este cambio.
· Cualquier duda debe ser verificada en el diccionario. Las faltas de
ortografía o el vocabulario mal empleado perjudican la imagen de
cualquier solicitud.

Tarea

8. UN TRABAJO FANTÁSTICO

A. En parejas, vais a redactar un anuncio de trabajo que ofrezca un puesto maravilloso. Podéis escoger uno de los propuestos aquí o inventar uno. Tened en cuenta el sector profesional, el tipo de empresa, los horarios, las funciones, la formación requerida, el salario... Una vez redactado el anuncio, leedlo a toda la clase y colgadlo en una pared.

DIRECTOR/A DE HOTEL DE LUJO EN ISLA DEL CARIBE

CRÍTICO/A GASTRONÓMICO/A DE LA GUÍA MICHELIN

COMPRADOR/A DE PIEZAS DE ARTE PARA JEQUE ÁRABE

B. Elige uno de los anuncios y elabora el currículum de un candidato al puesto inspirándote en la estructura de currículum europeo. Puedes consultar con más detalle cómo elaborar este CV en la sección «Documentos para el trabajo».

1. Información personal
- Apellido(s) / Nombre(s)
- Dirección
- Teléfono(s)
- Fax(es)
- Correo(s) electrónico(s)
- Nacionalidad
- Fecha de nacimiento
- Sexo

3. Educación y formación
- Fechas
- Cualificación obtenida
- Principales materias o capacidades profesionales estudiadas
- Nombre y tipo del centro de estudios
- Nivel (conforme a una clasificación nacional o internacional)

2. Experiencia laboral
- Fechas
- Profesión o cargo desempeñado
- Funciones y responsabilidades principales
- Nombre y dirección de la empresa o empleador
- Tipo de empresa o sector

4. Capacidades y competencias personales
- Lengua(s) materna(s)
- Otro(s) idioma(s) con los niveles alcanzados
- Capacidades y competencias sociales
- Capacidades y competencias organizativas
- Capacidades y competencias técnicas
- Capacidades y competencias informáticas
- Capacidades y competencias artísticas
- Otras capacidades y competencias
- Permiso(s) de conducción

5. Otras informaciones

6. Anexos

C. Escribe una carta de presentación para acompañar tu CV. Ten en cuenta la estructura de este tipo de cartas tal como has visto en la actividad 7.

9. EL MÉTODO

A. El siguiente artículo habla de una obra de teatro y de su adaptación cinematográfica. Léelo y luego realiza una búsqueda en internet para confeccionar una ficha de la película que contenga los siguientes datos.

TÍTULO ORIGINAL   AÑO DE PRODUCCIÓN   GUIÓN   PREMIOS RECIBIDOS
GÉNERO   PAÍS   DIRECTOR   SINOPSIS
DURACIÓN   FOTOGRAFÍA   INTÉRPRETES

¿Qué es capaz de hacer una persona para conseguir un buen trabajo?

¿Hasta dónde puede llegar el esfuerzo de un candidato para obtener un puesto de trabajo? ¿Cuáles son los límites de los procesos de selección que realizan las empresas? Este es el tema de la obra de teatro **El método Grönholm**, basada en una anécdota real, según su autor, el español Jordi Galcerán. Obra «revelación» en el Teatro Nacional de Cataluña, se estrenó en marzo de 2004 en Barcelona y ya ha dado la vuelta al mundo. La recepción fue tal que, a las pocas semanas, se estrenó también en Madrid; luego se llevó a Portugal, Alemania, Argentina, Venezuela, Perú y México. En 2006 se estrenó la versión cinematográfica, dirigida por el cineasta argentino Marcelo Piñeyro y protagonizada por un grupo de reconocidos actores.

En la obra, el método Grönholm es una técnica de selección de candidatos consistente en una sucesión de pruebas de grupo en las que se hace interactuar a los aspirantes para comprobar su personalidad, su capacidad de trabajo en equipo y otras aptitudes.

La película, presentada como una sátira del mundo de las selecciones de personal, muestra las pruebas que se realizan en las altas esferas del mundo empresarial para elegir a los ejecutivos y evidencia también hasta dónde es capaz de llegar alguien para conquistar un empleo. Con sus diálogos cargados de ironía y humor negro, la obra cinematográfica se presenta como una especie de metáfora de las relaciones de poder. De estos «efectos colaterales» del sistema es de lo que habla esta brillante coproducción hispanoargentina. ⫼

B. Lee la sinopsis de la película en la página siguiente. Luego, vas a escuchar un fragmento de la película y deberás señalar en el texto de la página siguiente qué parte se refiere a lo que has escuchado.

SINOPSIS

Siete aspirantes a un alto puesto ejecutivo se presentan a una prueba de selección de personal en una multinacional. Entre ellos, se encuentran las personalidades más dispares: el indeciso, el triunfador, el agresivo, la mujer insegura, el crítico, etc.

Tras un laberinto de formularios y acreditaciones burocráticas, los participantes se encuentran juntos en una fría sala esperando a que dé comienzo el proceso de selección. Los profesionales, cinco hombres y dos mujeres, son colocados alrededor de una mesa redonda con un ordenador individual que les servirá de medio de comunicación con el comité seleccionador.

Estos ambiciosos protagonistas están seguros de saber qué es lo que se espera de ellos y creen controlar tanto su conducta como sus emociones. Entre ellos hay un personaje que se hace pasar por aspirante y es, en realidad, un "topo" de la compañía que les está examinando.

Según pasan los minutos, y al no hacerse visible ningún representante de la compañía, uno de los candidatos comenta que se trata de un test psicológico, aplicado en empresas americanas, para evaluar cómo interactúan los candidatos ante distintas situaciones. A partir de ese momento, los siete aspirantes son sometidos a una serie de pruebas psicológicas con las que se pretende deducir cuál de ellos posee el perfil más adecuado.

La tensión va escalando a medida que los participantes se dan cuenta que han sido colocados en un espacio cerrado a fin de que compitan unos contra otros y de que se encarguen ellos mismos de decidir quién se queda y quién se va.

La primera prueba, que recibe uno de los aspirantes en su ordenador y debe compartir con el resto, consiste en descubrir al infiltrado. Con esto se mide la suspicacia de los candidatos y su capacidad de observación y deducción, muy útil para detectar la presencia de amenazas a los intereses de la empresa. Uno a uno, los personajes van presentando sus argumentos para identificar a tal o tal competidor como al impostor. En ese estado de paranoia, los candidatos se presentan con recelo los unos a los otros.

Superada esa prueba, deben elegir por consenso a un líder del grupo. El "afortunado" resulta ser un hombre cuyo pasado laboral se expone en todos los monitores para ser evaluado por el grupo. En caso de que su historia pasada sea aprobada, él quedará contratado y se dará por terminada la selección. Aquí se les plantea el primer dilema moral a los candidatos. La tensión provoca un descontrol en las emociones de todos. El resultado: quedan seis aspirantes.

La siguiente prueba plantea este escenario: una catástrofe nuclear ha dejado la tierra devastada. Existe un solo refugio en pie y para habitarlo hay que demostrar, con razones que se apoyen en el recorrido vital de los aspirantes (que aparece en las pantallas), cualidades indispensables que ayuden a la supervivencia de la humanidad. Quienes no consigan demostrar que son esenciales, deberán abandonar la prueba. Algunos ejercen una auto-defensa brillante; otros, angustiosa. Pero todos se muestran implacables con los demás. Resultado: quedan cinco.

La lucha continúa y se va volviendo cada vez más dura. Mientras tanto, estas pruebas van dejando una gran sensación de frustración. A lo largo de un día, los aspirantes pasarán de las bromas y el juego inocente a las discusiones violentas y se verán inmersos en situaciones que pondrán a prueba la personalidad de cada uno y su manera de relacionarse con los demás.

En este clima de máxima desconfianza y falta de escrúpulos, se crearán alianzas, se producirán disputas, se revelarán secretos, se destaparán pasados... Y así, poco a poco, se irán eliminando participantes en lo que pasará a ser una fría lucha por la supervivencia, espejo del panorama laboral de nuestra economía global.

C. Si tú fueras el «topo» en el grupo de candidatos de la película, ¿cómo te presentarías para que no te reconocieran como tal?

D. Y tú, ¿qué serías capaz de hacer para conseguir tu puesto de trabajo soñado? Coméntalo con tus compañeros.

«Jamás hay que discutir con un superior, pues se corre el riesgo de tener razón.»
MARCO AURELIO ALMAZÁN (1922 - 1991), escritor y diplomático mexicano.

2

Reunión de equipo

En esta unidad nos familiarizaremos con las reuniones de trabajo y las negociaciones y...

- organizaremos una sesión de negociación preparando tácticas y argumentos para alcanzar nuestras metas.
- participaremos en una reunión de manera activa, defendiendo nuestra posición y buscando un acuerdo final.

Para ello adquiriremos y manejaremos los siguientes...

recursos léxicos:

- vocabulario para hablar de reuniones y negociaciones.

recursos gramaticales y funcionales:

- la forma del presente de subjuntivo en verbos regulares e irregulares.
- recursos para presentar la opinión que implican el uso del indicativo o del subjuntivo.
- formas para poner condiciones.
- recursos para participar en debates y negociaciones: anunciar un tema y aludir a él, pedir y dar información, pedir y dar la palabra, atenuar una afirmación, etc.

Y entraremos en contacto con aspectos culturales:

- algunos consejos para negociar con españoles.
- la gestión de los turnos de palabra en España.
- la negociación colectiva en España.

Acercamiento

1. NEGOCIAR

Seguro que has participado en alguna reunión en la que se ha negociado algo (con tus padres o tus profesores, con tu jefe, con tus colegas, etc.). Piensa en esa situación y responde a las siguientes preguntas.

- ¿Cuándo y dónde tuvo lugar la reunión?
- ¿Cuál fue el tema tratado?
- ¿Quién más participó en la reunión?
- ¿Cómo fue el ambiente en el que se celebró el encuentro?
- ¿Te habías preparado lo suficiente para negociar?
- ¿Cuáles eran tus prioridades?
- ¿Cuál fue tu propuesta?
- ¿Tuviste que ceder terreno para llegar a algún acuerdo?
- ¿Se llegó a un acuerdo final entre las partes?
- ¿Cuál fue el trato concluido?
- ¿Se llevaron a la práctica las decisiones finales?

CD 5 2. ¿CÓMO NEGOCIAR CON LOS ESPAÑOLES?

A. Escucha la siguiente entrevista y responde a las preguntas.

1. ¿En qué está especializado el Sr. Valdecasas?
2. ¿Cuál es el primer consejo que da este especialista?
3. ¿A qué principio básico de las negociaciones se hace referencia en esta charla?
4. Según Valdecasas, ¿qué percepción tienen los españoles del tiempo?
5. ¿Por qué, según él, conviene dejarlo todo por escrito?
6. ¿Cuáles son los temas que no deben ser tratados al negociar con españoles? ¿Cuáles conviene abordar?

B. Compara tus respuestas con las de tus compañeros. Si es necesario, volved a escuchar la grabación.

3. AUMENTO DE SUELDO

A. ¿Cómo crees que se debe actuar en una negociación de aumento de sueldo? En parejas, discutid cuáles de las siguientes frases os parecen ciertas.

	√	✗
1. El trabajador debe mostrarse firme y exigir a su superior que le suba el sueldo.		
2. El aumento que solicita el trabajador debe ser alto; siempre hay tiempo para rebajar.		
3. Puede ser útil plantear un ultimátum.		
4. Nunca hay que pedir compensaciones que no sean económicas.		
5. Nunca es conveniente hacer comparaciones con otras personas que trabajan en empresas semejantes.		
6. Las negociaciones se deben preparar a conciencia y sin dejar nada a la improvisación.		
7. Cada negociación es diferente, si una no sale bien, es mejor olvidarla para siempre.		

B. Ahora leed los consejos que da un experto en el tema y comparadlos con lo que habéis marcado. ¿Hay alguna cosa que os sorprenda? ¿Estáis de acuerdo con todos los consejos?

Economía y finanzas

Consejos para una negociación salarial exitosa

1. Sé persuasivo. No es conveniente exigir a un superior que te suba el sueldo; tratar de hacerlo puede dañar tu relación laboral con él. Es más fácil persuadirlo de que un incremento a tu salario será beneficioso para la empresa.

2. Sé ambicioso, pero realista. Existe una relación directa entre las aspiraciones de las personas y los resultados que consiguen. En cualquier caso, es conveniente sugerir siempre ideas aceptables.

3. Usa el tono correcto. Si quieres ser persuasivo, tu jefe debe sentir que tú también intentarás entender sus puntos de vista. Evita el uso de ultimátums y amenazas.

4. Piensa que el aumento que pides puede satisfacer varias necesidades, no solamente tu salario. Asegúrate de haber pensado en otros tipos de compensación, como tener mayores responsabilidades, disfrutar de un horario más flexible u obtener acciones de la empresa.

5. Usa criterios objetivos. Es más fácil persuadir a un directivo si ve que tus exigencias están basadas en criterios objetivos, como por ejemplo, cuánto pagan empresas similares a personas con una experiencia equivalente a la tuya.

6. Prepárate bien para alcanzar tus metas. Este es el único aspecto de tus negociaciones que está completamente bajo tu control. Para obtener provecho de todos estos consejos debes invertir tiempo y energía antes de la reunión.

7. Revisa tu actuación para aprender. La única forma de mejorar realmente tu habilidad como negociador es aprender de tus experiencias. Tras terminar tus negociaciones, reflexiona sobre qué cosas te han salido bien y qué debes cambiar para obtener mejores resultados en el futuro.

Descargar

Léxico

C. Esta lista de vocabulario procede de los tres primeros apartados del texto anterior. Asegúrate de que la entiendes. Como ves, no es una lista de palabras aisladas, sino que recoge combinaciones léxicas y cuestiones gramaticales. ¿Puedes completarla con vocabulario de los otros apartados?

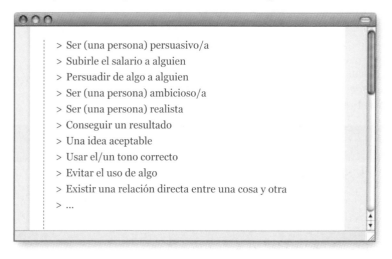

> Ser (una persona) persuasivo/a
> Subirle el salario a alguien
> Persuadir de algo a alguien
> Ser (una persona) ambicioso/a
> Ser (una persona) realista
> Conseguir un resultado
> Una idea aceptable
> Usar el/un tono correcto
> Evitar el uso de algo
> Existir una relación directa entre una cosa y otra
> ...

ESTRATEGIA
Para mejorar y enriquecer tu léxico, es muy importante que te fijes en las cuestiones gramaticales asociadas a las palabras y expresiones nuevas. Por ejemplo, **subirle el salario a alguien** es una estructura que tiene objeto directo (**el salario**) e indirecto (**a alguien**). Cuando aprendas vocabulario nuevo, aprende también palabras o estructuras vinculadas a él.

Observación

4. EN CIERTO MODO

A. Observa estos pares de frases. ¿Cuál de las dos frases presenta las informaciones de manera más directa en cada caso? ¿Qué efecto crees que tiene el elemento marcado en negrita?

1.
a. Firmé aquel acuerdo porque, **en cierto modo**, la dirección me obligó.
b. Firmé aquel acuerdo porque la dirección me obligó.

2.
c. Escogemos el proyecto de Pablo porque es el más barato.
d. Escogemos el proyecto de Pablo porque, **al fin y al cabo**, es el más barato.

3.
e. A fin de cuentas, tú eres la persona más interesada en conseguir un acuerdo.
f. Tú eres la persona más interesada en conseguir un acuerdo.

4.
g. La verdad es que tu amigo no es la persona adecuada para ese puesto.
h. Tu amigo no es la persona adecuada para ese puesto.

B. ¿En tu lengua, existen mecanismos parecidos para suavizar y relativizar lo que se dice? Coméntalos con un compañero y buscad juntos cuáles serían sus equivalentes en español.

5. TURNOS DE PALABRA

A. ¿Tenéis experiencias hablando en español con españoles? Leed el siguiente texto y, en parejas, comentad si esta afirmación se corresponde con vuestra propia experiencia.

> «En cada cultura hay diferentes maneras de gestionar los debates y las discusiones. En España, por ejemplo, es más frecuente que en otros lugares de Europa interrumpir las intervenciones de otros participantes, y eso no se considera necesariamente descortés o de mala educación.»

Bla bla bla bla, bla bla, bla bla bla...

Perdona que te interrumpa, pero...

CD 6

B. Escuchad ahora este fragmento de una discusión sobre la prohibición de fumar en lugares públicos. La persona que está hablando es interrumpida varias veces. Fíjate en cómo se gestionan los turnos de palabra y completa esta tabla.

Expresiones para interrumpir y obtener el turno de palabra	Expresiones para no ceder la palabra
Ya, pero...	

6. CUMBRE INTERNACIONAL

A. Lee las siguientes noticias sobre una cumbre entre la Unión Europea y los países de América Latina y el Caribe. En la primera parte de cada titular aparecen en negrita las declaraciones de los políticos; marcad las expresiones que sirven para presentar una opinión. ¿Cuáles preceden a un verbo en indicativo? ¿Cuáles a uno en subjuntivo?

"Creo que esta vez nos pondremos de acuerdo"
Los negociadores se preparan con el _____ objetivo de lograr un acuerdo que responda a las necesidades de ambas partes.

"No creo que todos los Jefes de Estado y de Gobierno estemos de acuerdo en todos los puntos"
La presidenta de C., muy _____, prevé un estancamiento en las negociaciones.

"Me parece que se trata de un encuentro histórico"
El primer ministro P. G. declara que esta reunión brinda la ocasión de dar una _____ visibilidad a la extensa cooperación entre ambas regiones.

"Dudo que los representantes europeos cedan ante nuestras peticiones"
El mandatario U. I. desconfía en cuanto a lograr consenso sobre el tema del desarrollo _____.

"Pienso que cerraremos un trato satisfactorio para las dos regiones"
Se esperan avances _____, de manera que la negociación pueda concluir satisfactoriamente y responda a las necesidades de ambas partes.

"No pienso que nuestra asociación sea indispensable"
El representante de P. considera poco _____ la relación a la larga de su país con Europa.

"No me parece que se vaya a fortalecer realmente nuestra cooperación"
El enviado N. K. explica que, a pesar de los compromisos _____, a la hora de hacer frente a los retos globales, los países privilegiarán sus bloques regionales.

"No dudo que esta alianza unirá económicamente a los dos continentes"
El delegado de V. confía en que las negociaciones conducirán a la creación de un pacto _____.

 Léxico

B. Completa cada titular con el adjetivo adecuado; ten en cuenta el género y el número.

- claro
- conjunto
- estratégico
- mayor
- sostenible
- sustancial
- transatlántico
- pesimista

7. CON CONDICIONES

A. Mira estas noticias aparecidas en distintos informativos de televisión e intenta explicar las frases que aparecen en las pantallas con tus propias palabras.

Noticias

La constructora PALESA mantendrá la totalidad de los puestos de trabajo solo si la mayoría de los trabajadores vota a favor de una reducción salarial.

Los pescadores de la anchoa irán a la mesa de negociación con la condición de que la Unión Europea envíe a representantes de alto nivel.

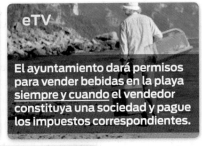

eTV

El ayuntamiento dará permisos para vender bebidas en la playa siempre y cuando el vendedor constituya una sociedad y pague los impuestos correspondientes.

Los sindicatos de pilotos aceptarán un cambio en las condiciones laborales siempre que se realice un referéndum para ratificar el acuerdo.

En caso de que la lluvia continúe, se deberá aplazar el campeonato de tenis Villa de Olmedillo.

B. Ahora, fíjate en las estructuras subrayadas y en su significado. ¿Qué modo verbal las acompaña: indicativo o subjuntivo?

Consultorio

EL PRESENTE DE SUBJUNTIVO

Verbos regulares

Recuerda que el presente de subjuntivo se forma con las siguientes terminaciones, que son las mismas para los verbos acabados en **–er** y los verbos en **–ir**.

	TRABAJAR	APRENDER	ESCRIBIR
(yo)	trabaj**e**	aprend**a**	escrib**a**
(tú)	trabaj**es**	aprend**as**	escrib**as**
(él/ella/usted)	trabaj**e**	aprend**a**	escrib**a**
(nosotros/as)	trabaj**emos**	aprend**amos**	escrib**amos**
(vosotros/as)	trabaj**éis**	aprend**áis**	escrib**áis**
(ellos/ellas/ustedes)	trabaj**en**	aprend**an**	escrib**an**

Verbos irregulares

Algunos verbos con cambios vocálicos **e → ie** y **o → ue** en Presente de Indicativo también presentan estos cambios en Presente de Subjuntivo.

	EMPEZAR	ENCONTRAR
(yo)	emp**ie**ce	enc**ue**ntre
(tú)	emp**ie**ces	enc**ue**ntres
(él/ella/usted)	emp**ie**ce	enc**ue**ntre
(nosotros/as)	empecemos	encontremos
(vosotros/as)	empecéis	encontréis
(ellos/ellas/ustedes)	emp**ie**ce	enc**ue**ntren

Hay verbos con una irregularidad en la primera persona del presente de indicativo que tienen esa misma irregularidad en todas las personas del presente de subjuntivo.

Presente de indicativo:

hacer → **hag**o   conocer → **conozc**o

Presente de subjuntivo:

hacer → **hag**a   venir → **veng**a
conocer → **conozc**a   decir → **dig**a
tener → **teng**a   oír → **oig**a
poner → **pong**a   pedir → **pid**a
traer → **traig**a   salir → **salg**a

Algunos verbos presentan una raíz totalmente irregular.

	HABER	IR
(yo)	haya	vaya
(tú)	hayas	vayas
(él/ella/usted)	haya	vaya
(nosotros/as)	hayamos	vayamos
(vosotros/as)	hayáis	vayáis
(ellos/ellas/ustedes)	hayan	vayan

	SABER	SER
(yo)	sepa	sea
(tú)	sepas	seas
(él/ella/usted)	sepa	sea
(nosotros/as)	sepamos	seamos
(vosotros/as)	sepáis	seáis
(ellos/ellas/ustedes)	sepan	sean

EXPRESAR OPINIONES

Parecer que + INDICATIVO
- A mí **me parece que** la empresa **está** en un momento muy delicado.

No parecer que + SUBJUNTIVO
- A nosotros **no nos parece que** la cosa **sea** tan grave.

Considerar/pensar/creer que + INDICATIVO
- La dirección **considera que hay** razones para el optimismo.
- Los accionistas **piensan que es** un buen momento para vender.

No considerar/pensar/creer que + SUBJUNTIVO
- Nosotros **no consideramos que** las condiciones **sean** favorables para una ampliación.
- Los accionistas **no creemos que** este año **se deban** realizar nuevas compras.

(No) Dudar que + SUBJUNTIVO
- Nosotros **(no) dudamos que** trasladar la fábrica **sea** una buena manera de ahorrar costes. [= (no) nos parece que...]

(No) Confiar en que + SUBJUNTIVO
- Los vecinos **(no) confían en que** el ayuntamiento **cumpla** con su palabra y construya un parque. [= (no) esperan que...]

Otras expresiones + **que** + SUBJUNTIVO
- **Estamos sorprendidos de que** no **quieran** discutir este tema.
- **Estoy contenta de que vuelvas** a trabajar aquí.
- **Más vale que llevemos** una oferta alternativa.

Opinar con expresiones impersonales.

Es + ADJETIVO/SUSTANTIVO + **que** + SUBJUNTIVO
- **Es imprescindible que** los trabajadores **participen** en la reunión.
- **Es normal que** el presidente se **sienta** defraudado.
- **Es importante que traigas** tu ordenador para trabajar.
- **Es una lástima que** no **podamos** asistir a la ronda de negociaciones.

❗ Con algunas estructuras que expresan evidencia o seguridad, se usa el indicativo.

Es + ADJETIVO/SUSTANTIVO + **que** + INDICATIVO

- **Es cierto/evidente/verdad que** esta oferta de la dirección nos **conviene** mucho.

Tienes razón en que necesitas tiempo libre, pero eso no quiere decir que no tengas que hacer los deberes.

EXPRESAR CONDICIONES

- Volveremos al trabajo **siempre que** se **pacte** realizar una nueva reunión en mayo.   + SUBJUNTIVO

- Aceptaré este proyecto **solo en caso de que** me **aumenten** el sueldo.
  + SUBJUNTIVO

- Estudiaré su propuesta **(solo) con la condición de que** la **haga** por escrito.
  + SUBJUNTIVO

- Acabaremos a tiempo el proyecto **siempre y cuando** la empresa nos **dé** los medios económicos necesarios.
  + SUBJUNTIVO

- El ministerio reabrirá las negociaciones **(solo) si** los pilotos **vuelven** al trabajo.
  + INDICATIVO

RECURSOS PARA DEBATES Y NEGOCIACIONES

Anunciar el tema del debate
El tema que tenemos que discutir...
La cuestión que vamos a tratar...

Aludir a temas u opiniones
En cuanto a...   Eso de que...
Por lo que se refiere a...   Respecto a...

Presentar una opinión y pedírsela a los demás
Desde mi punto de vista,
Para mí/nosotros, ...
Personalmente, ...
¿Qué le parece?
¿Qué piensa?

Añadir otros argumentos
Además...
Por otro lado...
Por otra parte...

Pedir acuerdo
¿No cree que...?
¿No le parece que...?

Pedir, no ceder la palabra e interrumpir
Déjeme decir algo.
Déjeme terminar.
Perdón.
Espere un momento.
Perdone que le corte/lo interrumpa...
Yo quería decir una cosa...

Aclarar y pedir aclaraciones
Dicho de otro modo, ...   Lo que quiere decir que...
Es decir, ...   O sea...
Eso quiere decir que...   ¿A qué se refiere con eso?
Por lo tanto, ...   ¿Qué quiere decir eso?

Expresar acuerdo o desacuerdo
Ciertamente.   Desde luego.
Eso es.   No lo creo.
No cabe duda.   No me parece.
Totalmente de acuerdo.
No estoy de acuerdo...
No estoy seguro de que...   + SUBJUNTIVO

Atenuar la fuerza de afirmaciones y negaciones
A fin de cuentas, ...   Al fin y al cabo, ...
En cierto modo, ...   En realidad, ...
La verdad es que...

Restar valor a los argumentos de los demás
Puede ser, pero...   Sí, aunque...
Tal vez, pero...

Llegar a conclusiones
En conclusión, ...   En resumen, ...
En pocas palabras, ...   Para resumir, ...
Y por eso...

8. PRENDAS Y CONDICIONES

A. ¿Conocéis el juego de las prendas? Se trata de pedir a alguien que haga una cosa difícil, complicada o divertida. Por parejas, vais a inventar prendas para 3 personas de la clase. Atención: tiene que ser algo referido a la próxima clase o a días futuros.

B. Ahora leed vuestras prendas. Las personas a las que van dirigidas pueden poner condiciones para su realización.

- ◼ Nosotros queremos que el próximo día Henry venga vestido todo de verde.
- ◻ De acuerdo, pero solo lo haré con la condición de que...

9. IDEAS PRECONCEBIDAS

Seguramente, todos conocéis algunos estereotipos referidos a hombres y a mujeres en el mundo del trabajo. En parejas, pensad en uno de esos estereotipos, que vais a defender ante el resto de la clase. Los demás deben mostrar su acuerdo o su desacuerdo.

- ◼ Se dice que las mujeres son mejores jefas porque son más comprensivas y nosotros creemos que es verdad.
- ◻ ¿De verdad? Pues a mí no me parece que...

10. PERDONA QUE TE INTERRUMPA

A. Interrumpir a alguien cuando está hablando puede ser descortés, pero no siempre. Intentémoslo: en parejas **A** y **B** vais a elegir uno de estos temas. Luego, vais a preparar individualmente vuestros argumentos para debatirlos brevemente con vuestro compañero. Uno de vosotros estará a favor y el otro, en contra.

Los toros　　**La caza del zorro**　　**La prohibición de fumar en lugares públicos**　　**La energía solar**

B. Ahora vais a intentar, delante de toda la clase, defender vuestras posiciones. **A** va empezar; **B** debe estar atento a lo que oye e intentar interrumpirlo para rebatir sus argumentos usando alguna de las estructuras que habéis aprendido. Luego, **A** le puede volver a tomar la palabra. ¿Qué pareja lo hace mejor?

Tarea

11. NUEVO PROPIETARIO

A. Un banco español acaba de comprar un pequeño banco de tu país. Todos los empleados han recibido la siguiente carta, que ha creado una gran polémica. ¿Con cuál de las tres posiciones que te presentamos al lado de la carta te identificas más? ¿Por qué?

 **IBERBANCA** S. A.

Dirección de RR. HH.
Departamento de Formación
Avenida Fronteras, 10
28850 Torrejón de Ardoz
España

Asunto: Formación del personal e integración al grupo

Madrid, 24 de agosto de 2009

Apreciados colaboradores:

IBERBANCO, líder del sector bancario europeo, ha efectuado estos últimos años una serie de compras de entidades bancarias en todo el mundo, entre las que está el banco en el que usted trabaja.

En este sentido, nuestro grupo otorga una especial importancia a la formación del personal con el objetivo de integrarlo lo más rápida y eficazmente posible a nuestras modalidades de trabajo. Por esa razón, para disminuir costes de funcionamiento interno y para seguir afrontando los retos de un mercado muy competitivo, todos nuestros empleados provenientes de fusiones recientes deberán utilizar el español como lengua de trabajo en buena parte de sus comunicaciones. Además, a partir de ahora, todos los empleados deberán adaptarse a nuestro sistema de gestión, para lo cual van a ser formados en nuestra casa matriz en España.

Para ello, nuestro Centro de formación y desarrollo, localizado en las afueras de Madrid, ha previsto una serie de medidas obligatorias para todos los empleados, según los siguientes criterios:

- Los nuevos empleados integrados que ya manejan la lengua española deberán asistir únicamente a un cursillo de formación técnica y administrativa de una semana de duración en nuestra sede de Torrejón de Ardoz.

- Los nuevos empleados que aún no hablen español tendrán que alcanzar un nivel B2 en breve. Nuestro centro propone cursos intensivos, de una duración de dos meses, que se realizarán en nuestra sede de Torrejón de Ardoz. Una vez aprobado el curso, se procederá a la realización del cursillo de formación técnica y administrativa.

- Los gastos de formación traslado, alojamiento y manutención correrán íntegramente a cargo de la empresa.

Con el fin de elaborar las listas de participantes y de ultimar detalles, deberán contactar con nuestro secretariado, escribiendo a la dirección de correo electrónico que adjuntamos. De no haber obtenido respuesta alguna de su parte, interpretaremos que ha sido decisión suya dejar de pertenecer a nuestro grupo y, en ese caso, procederemos a la finalización de su contrato profesional.

Esperando una pronta respuesta de su parte y sin otro motivo que añadir, saluda muy atentamente.

Alfonso Martínez
Gerente ejecutivo

Los nuevos directivos del banco comprado.

Todos manejan la lengua española, aunque en niveles diferentes. Como fueron nombrados por el banco español, están de acuerdo con la medida. Les parece una gran oportunidad de desarrollo para la empresa y para las personas. Consideran que estas decisiones representan un sacrificio muy pequeño a cambio de grandes ventajas futuras.

Los representantes sindicales.

Ninguno habla español. Están en total desacuerdo con las medidas propuestas, que les parecen injustas y poco adecuadas para el contexto del banco en el que trabajan.

Los mandos intermedios.

Casi ninguno habla español, pero algunos consiguen leer en este idioma. Consideran que algunas de las medidas son excesivas, pero que esta absorción es una buena oportunidad para todos los empleados que quieran progresar.

B. Busca dos o tres personas que hayan elegido la misma opción que tú y formad un grupo. Preparad vuestros argumentos para participar en una reunión de negociación: tened en cuenta las implicaciones personales, familiares, profesionales, etc. Debéis pensar qué diréis para convencer a los demás y prever que tal vez debáis ceder en algunos aspectos.

C. Celebrad ahora la reunión, que moderará vuestro profesor. Debéis intentar llegar a un acuerdo. El éxito de esta tarea se medirá según vuestra capacidad de lograr una solución consensuada.

12. CONVENIO COLECTIVO

A. En España, la ley establece que las condiciones laborales y de producción se pactarán entre los empresarios y los trabajadores mediante convenios colectivos. ¿Sabes cómo se fijan, en tu país, las condiciones laborales?

Real Decreto Legislativo 1/1995, de 24 de marzo, por el que se aprueba el texto refundido de la Ley del Estatuto de los Trabajadores.

ART. 82:

«2. Mediante los convenios colectivos, y en su ámbito correspondiente, los trabajadores y empresarios regulan las condiciones de trabajo y de productividad; igualmente podrán regular la paz laboral a través de las obligaciones que se pacten.»

ART. 83:

«2. Mediante acuerdos interprofesionales o por convenios colectivos las organizaciones sindicales y asociaciones patronales más representativas, de carácter estatal o de Comunidad Autónoma, podrán establecer la estructura de la negociación colectiva (...).»

B. Descubre las características de la negociación colectiva en España leyendo el siguiente informe. Luego, responde a la preguntas que te planteamos.

Marco institucional

El sistema de negociación colectiva es un mecanismo fundamental para explicar el funcionamiento del mercado de trabajo español. Alrededor del 90% de los asalariados del sector privado en España ven fijadas sus condiciones salariales —y laborales, en general— en la negociación colectiva llevada a cabo entre los representantes sindicales y empresariales. Esta cobertura se sitúa entre las más elevadas de los países europeos y es claramente superior a la que existe en EE.UU. o el Reino Unido, por ejemplo. (...)

En la actualidad, el sistema español de negociación colectiva se asienta sobre los principios emanados del Estatuto de los Trabajadores (ET) de 1980 y de las sucesivas modificaciones del mismo llevadas a cabo en los años noventa. Los principios básicos de este sistema son los criterios sobre la legitimidad para negociar y la eficacia general automática de los convenios de ámbito superior a la empresa. La legitimidad para negociar de los sindicatos no proviene del número de trabajadores afiliados, sino que la representación sindical surge de la audiencia electoral, es decir, de los votos obtenidos en las elecciones sindicales. (...) En particular, los resultados de estas elecciones otorgan el carácter de representativos a aquellos sindicatos que superan un determinado porcentaje de votos, lo que les permite estar presentes en los diferentes procesos de negociación. Todo convenio de ámbito superior a la empresa ha de ser aplicado a todas las empresas y a todos los trabajadores que formen parte del ámbito geográfico y sectorial correspondiente, aunque no hayan participado en el proceso de negociación.

En conjunto, la interacción de estas características configura un régimen de negociación caracterizado por la elevada cobertura del colectivo de asalariados —prácticamente total, a pesar de las reducidas tasas de afiliación sindical— y por el predominio de los convenios de ámbito superior a la empresa, en cuya negociación prevalecen las asociaciones sindicales y patronales mayoritarias, estando escasamente representados colectivos como los trabajadores temporales, con menor participación en los procesos electorales sindicales, o la pequeña y mediana empresa. (...)

Ámbito de la negociación colectiva

Uno de los aspectos fundamentales que caracterizan el sistema español de negociación colectiva es su distribución por ámbitos de negociación. Los convenios colectivos pueden ser negociados entre los representantes de los trabajadores y los empresarios al nivel descentralizado de la empresa o a un nivel mayor de centralización como es el del sector, con diferentes ámbitos geográficos: local, provincial, regional o nacional. En el caso español, la negociación de los convenios colectivos se lleva a cabo, de forma predominante, al nivel del sector productivo, con un ámbito geográfico de aplicación provincial, lo cual implica un nivel intermedio de centralización. En este nivel se negocian las condiciones laborales de más del 50% de trabajadores afectados por la negociación colectiva. (...)

Materias negociadas

El resultado fundamental de la negociación colectiva viene dado por los incrementos salariales pactados. Sin embargo, en ese mismo marco también se negocian otras materias relacionadas con las condiciones laborales como son el empleo, la contratación, la seguridad y salud en el trabajo, las horas extraordinarias, la existencia de incentivos a la productividad, la flexibilidad y la formación profesional, los beneficios sociales a los trabajadores (como complementos de jubilación, planes de pensiones, etc.), la igualdad de trato y oportunidades, la paridad de condiciones entre hombres y mujeres, la inserción laboral de personas con discapacidad, etc. (...)

Duración de los convenios

Otra característica relevante de los convenios colectivos es su duración, esto es, la longitud del período durante el cual estarán vigentes. Casi la mitad de los convenios colectivos son de carácter anual, el 30% son bianuales y el 20% restante tiene una duración superior a los dos años. La evolución de los convenios es una consecuencia del entorno macroeconómico. Cuánto más estable sea éste, más los agentes negociadores están dispuestos a fijar un compromiso de mayor duración, esto es, a mantener por más tiempo unas determinadas condiciones laborales. La gran mayoría de los convenios colectivos que se firman en España tienen un período de vigencia superior a un año, lo que, por un lado, propicia una menor flexibilidad salarial ante cambios en el entorno macroeconómico, aunque, por otro, proporciona una mayor estabilidad a las relaciones laborales. (...)

Cláusulas de salvaguarda

La cláusula de salvaguarda se utiliza como un seguro que cubre a los trabajadores ante desviaciones de la inflación, de forma que permitiría menores subidas de salario, pero, una vez producido un shock alcista sobre la inflación, éste se traduciría en mayores incrementos salariales. Estas disposiciones garantizan el poder adquisitivo de los asalariados. En España, la mayoría de estos tipos de cláusulas son retroactivas, es decir que suponen una revisión de las tarifas en el año en el que se produce la desviación de la inflación y, por lo tanto, generan el pago de atrasos. (...)

Fuente: Servicio de Estudios del Banco de España. El sistema de negociación colectiva en España: un análisis con datos individuales de convenios.

1. ¿Existe en tu país la negociación colectiva? Si es así, ¿en qué difiere con respecto a la que se practica en España?

2. ¿En qué nivel se negocian las condiciones salariales y laborales de los trabajadores de tu país? ¿En la empresa o por sector? ¿Y en qué ámbito geográfico (local, provincial, regional, nacional)?

3. ¿Te parece que los trabajadores temporales y los trabajadores de las pymes están suficientemente representados en las negociaciones colectivas españolas?

4. Entre las materias comúnmente negociadas entre empresarios y trabajadores, ¿cuáles te parecen más importantes? ¿Qué otros asuntos negociarías tú?

5. Aparte de la cláusula de salvaguarda en contra de la inflación, ¿qué otras estipulaciones propondrías para salvaguardar los intereses de los trabajadores?

Expresión	Significado

«Viajar sólo sirve para amar más nuestro rincón natal.»
NOEL CLARASÓ (1899 - 1985), escritor español.

3

Me trasladan a México

En esta unidad nos familiarizaremos con los traslados laborales internacionales y...

- comentaremos cuáles son las condiciones para el éxito en este tipo de traslado.
- investigaremos que debe hacer una persona trasladada a nuestra ciudad.
- discutiremos sobre un caso práctico de traslado.

Para ello adquiriremos y manejaremos los siguientes...

recursos léxicos:

- vocabulario de los cambios de domicilio y de las gestiones administrativas y familiares.

recursos gramaticales y funcionales:

- la forma del condicional simple y algunos de sus usos: dar y pedir consejos, expresar deseos, hablar de condiciones hipotéticas, etc.
- la forma del imperfecto de subjuntivo.
- las expresiones temporales referidas al futuro que requieren subjuntivo.
- diferentes recursos para expresar la condición.
- las usos de subjuntivo para dar consejos.

Y entraremos en contacto con aspectos culturales:

- la movilidad de los ejecutivos españoles.
- las diferencias entre Madrid y una ciudad de los EE.UU. a ojos de un estadounidense.

Acercamiento

1. EJECUTIVOS TROTAMUNDOS

A. Fíjate en el título de este artículo e intenta prever el contenido del mismo. Luego, léelo y comprueba si tu hipótesis se cumple.

NEGOCIOS

El líder se forja en el exterior

La expatriación de profesionales es muy valorada por la empresa

BORJA VILASECA

(...) Los expertos hablan de un mercado global, que trasciende cualquier nacionalidad y frontera y en el que ha ido desapareciendo el concepto de distancia física e incluso temporal. Como consecuencia, cada vez más multinacionales españolas apuestan por expatriar a sus profesionales con más talento para garantizar la apertura o consolidación de proyectos extranjeros.

«El futuro es para las empresas que sepan gestionar adecuadamente la diversidad y la multiculturalidad», afirma Joan Pere Salom, gerente del área de Human Capital de Deloitte. Y añade: «La expatriación no solo es un medio para abrir nuevos mercados; también es una oportunidad para desarrollar líderes globales». (...)

Además, también ha de tenerse en cuenta desde el inicio de qué manera puede «optimizarse el aprendizaje» adquirido una vez el expatriado regresa a la sede española. Así, «la experiencia multicultural es muy valorada por las empresas, que suelen cubrir las vacantes en puestos de alta dirección con este tipo de profesionales», constata este experto.

Se estima que hoy unos 2750 españoles trabajan en diferentes rincones del mundo, especialmente en Europa y Latinoamérica, y cada vez más en China e India. El 80% de ellos forma parte de alguna de las 25 empresas del Ibex 35 que componen el Foro Español de la Expatriación (Feex).

Y lo cierto es que este proceso de internacionalización parece imparable. En 2007, casi la mitad de la facturación de las 15 multinacionales españolas más importantes –más de 10 000 millones de euros– procedió de sus filiales en el exterior. Telefónica, Repsol, Santander, BBVA, Ferrovial, Endesa y Acciona, que a finales de los noventa empezaron a realizar adquisiciones e inversiones en el extranjero, son sus protagonistas.

Sin embargo, la mayoría de los españoles se resiste a internacionalizarse, poniendo de manifiesto su preferencia por lo local, por lo conocido y, en definitiva, por lo que les recuerda a su propia casa. El arraigo cultural es profundo, de ahí que 8 de cada 10 ciudadanos fallecen en un radio de 20 kilómetros del lugar donde nacieron, según un informe sobre movilidad laboral del IESE-Cela, Creade y Sagardoy Abogados.

En el ámbito de la empresa, los propios directivos corroboran este sedentarismo geográfico. Solo el 13% de los ejecutivos está dispuesto a cambiar de país por motivos de trabajo. Y eso que en algunos desplazamientos, sobre todo aquellos que representan oportunidades estratégicas de primer nivel, la compañía suele ser bastante generosa. Además del pago íntegro de la vivienda alquilada en el destino, el directivo expatriado recibe un salario algo más alto, que tiene en cuenta el coste real de la vida de dicho país y que incluye una prima por desplazamiento que puede llegar a los 2000 euros mensuales, según datos de Deloitte. También se le financian otros gastos, como la educación de los hijos, los cursos del idioma, el coche e incluso el coste de los servicios de limpieza de su nueva casa. (...)

Un estilo de vida

Aunque en muchos casos la expatriación se concibe como una experiencia temporal hay profesionales que le acaban cogiendo el gusto y la convierten en su estilo de vida. Son los llamados ejecutivos trotamundos, que suelen ser «personas espabiladas y aventureras, que valoran la independencia y disfrutan cambiando de país cada cuatro o cinco años», explica Juan Antonio del Pozo, subdirector de gestión de asignaciones internacionales de Endesa, que cuenta con 90 expatriados.

En su opinión, estos profesionales «son muy valorados por la empresa», que deposita en ellos «la confianza necesaria para potenciar el proceso de internacionalización». «Gracias a su flexibilidad, son muy demandados para abrir nuevos mercados y controlar la inversión en países donde el negocio ya está presente», concluye.

Carlos Corrales responde al perfil. Con 34 años, es director de control y planificación de Endesa Helas, la filial de la multinacional española en Grecia, donde vive desde septiembre de 2007. «Desde que entré en Endesa, hace nueve años, me ha interesado desarrollar mi carrera en el extranjero», reconoce. No en vano, la expatriación indefinida le permite «vivir la vida como un proceso de aprendizaje, conviviendo con el cambio permanente y conociendo a personas y culturas diferentes, que te abren mucho la mente», asegura. (...) ✱

Fuente: Vilaseca, Borja. *El líder se forja en el exterior.* El País, 24/08/2008

B. Ahora lee el texto y resume la información que da cada párrafo en una frase. Luego, compara tus frases con las de un compañero.

Párrafo 1: Las multinacionales españolas apuestan cada vez más por la internacionalización.

C. En parejas, vais a elaborar cuatro o cinco preguntas sobre las informaciones más importantes del texto. Luego, las plantearéis al resto de la clase. ¿Las saben responder?

● A ver, según el artículo, ¿cuál es la actitud de las multinacionales españolas respecto a la internacionalización...?

2. DESTINO BUENOS AIRES

A. Eugenio es directivo de una empresa española y podría ser trasladado a Buenos Aires. Lee el mensaje que ha escrito en un foro especializado de expatriados. ¿Te parece que Eugenio tiene ganas de irse a Argentina?

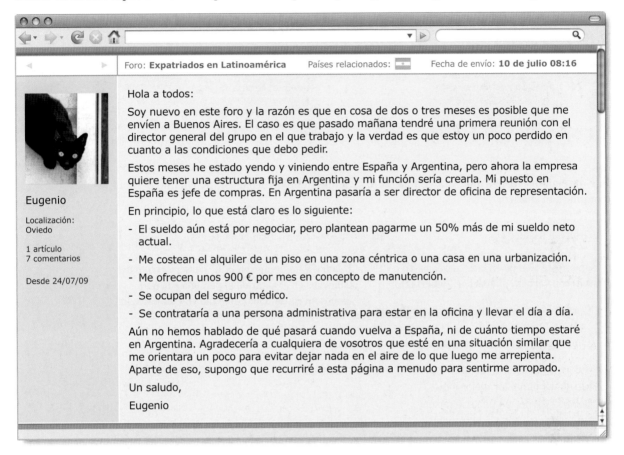

Foro: **Expatriados en Latinoamérica**   Países relacionados: Fecha de envío: **10 de julio 08:16**

Eugenio

Localización:
Oviedo

1 artículo
7 comentarios

Desde 24/07/09

Hola a todos:

Soy nuevo en este foro y la razón es que en cosa de dos o tres meses es posible que me envíen a Buenos Aires. El caso es que pasado mañana tendré una primera reunión con el director general del grupo en el que trabajo y la verdad es que estoy un poco perdido en cuanto a las condiciones que debo pedir.

Estos meses he estado yendo y viniendo entre España y Argentina, pero ahora la empresa quiere tener una estructura fija en Argentina y mi función sería crearla. Mi puesto en España es jefe de compras. En Argentina pasaría a ser director de oficina de representación.

En principio, lo que está claro es lo siguiente:

- El sueldo aún está por negociar, pero plantean pagarme un 50% más de mi sueldo neto actual.
- Me costean el alquiler de un piso en una zona céntrica o una casa en una urbanización.
- Me ofrecen unos 900 € por mes en concepto de manutención.
- Se ocupan del seguro médico.
- Se contrataría a una persona administrativa para estar en la oficina y llevar el día a día.

Aún no hemos hablado de qué pasará cuando vuelva a España, ni de cuánto tiempo estaré en Argentina. Agradecería a cualquiera de vosotros que esté en una situación similar que me orientara un poco para evitar dejar nada en el aire de lo que luego me arrepienta. Aparte de eso, supongo que recurriré a esta página a menudo para sentirme arropado.

Un saludo,

Eugenio

B. Ahora, con un compañero, di qué cosas sabe ya Eugenio sobre su traslado y qué cosas no sabe aún. ¿Crees que tiene claras las condiciones de su traslado?

¿Qué sabe ya Eugenio?	¿Qué no sabe todavía?

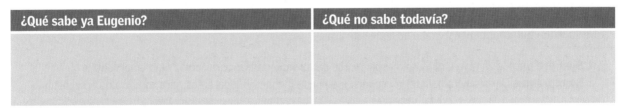

C. Unos días más tarde, después de su reunión con el director, Eugenio tiene una conversación telefónica con un amigo. Escúchala y luego contesta a las preguntas.

- ¿Para qué llama Eugenio a su colega?
- ¿Qué problema le plantea este traslado a Eugenio?
- ¿Qué incluye su contrato de traslado?
- ¿Qué es lo que le queda por negociar?
- ¿Qué le aconseja su amigo al final de la conversación?

Observación

3. ME PONGO EN TU LUGAR

A. Varias personas que van a ser trasladadas al extranjero charlan del tema con algunos amigos. ¿En cada caso, sobre qué tema les están dando consejos?

Deberías tener en cuenta el poder adquisitivo que te da en Argentina el salario que te ofrecen.

Exacto, yo **compararía** lo que cobras en España y lo que te ofrecen en Argentina y analizaría cómo se vive con ese dinero allí.

1

Podrías buscar una escuela internacional para los niños, así, si luego vais a vivir a otro país, ellos pueden seguir el mismo plan de estudios.

Pues yo los **llevaría** a una escuela del país, creo que es mucho mas enriquecedor, ¿no?

2

Hombre, al principio **tendrías que** alquilar un piso amueblado en el centro, cerca del trabajo, y más adelante buscar algo mayor o una casa.

Pues yo creo que los primeros meses los **pasaría** en un apartotel, que es mucho más cómodo.

3

B. Fíjate en los verbos que están en negrita. ¿En qué tiempo verbal están? En qué persona? Completa el cuadro.

En español usamos el _____ para dar consejos a otras personas.	
Usamos este tiempo en la 2.ª persona (**tú** o **usted**) con verbos como **deber** (**deberías**), _____ , o _____ .	Usamos este tiempo en la 1.ª persona (**yo**) para ponernos en el lugar de la persona a la que damos un consejo, por ejemplo **yo compararía**.

C. ¿Qué consejos les darías a las siguientes personas?

1. Quiero encontrar un billete de avión barato para este verano.
2. Me gustaría hablar mejor inglés.
3. Debería perder un poco de peso.
4. No tengo ganas de ir al trabajo.
5. Me duele la espalda de estar todo el día sentado.
6. Mis hijos se quejan de que nunca estoy con ellos.

4. UNA VEZ TE ACOSTUMBRAS

A. Lee los siguientes pares de frases y anota, en cada caso, cuál de las dos se refiere a acciones que suceden habitualmente y cuál a acciones futuras.

a. **Siempre que** Carla quiere hablar en español, me llama y quedamos para tomar algo en el centro.
b. **Siempre que** Carla quiera hablar en español, me puede llamar y quedaremos para tomar algo en el centro.

c. **Una vez** el expatriado conoce la cultura empresarial del país, todo se hace más fácil.
d. **Una vez** el expatriado conozca la cultura empresarial del país, podrá entender mejor a sus colaboradores.

e. **Cada vez** que cambias de país, tienes que hacer un montón de trámites y papeles nuevos.
f. **Cada vez** que cambies de país, tendrás que hacer un montón de trámites y papeles nuevos.

g. **En cuanto** llego a España, llamo a mis amigos y quedo con ellos para cenar y vernos.
h. **En cuanto** llegue a España, llamaré a mis amigos y quedaré con ellos para cenar y vernos.

B. Fíjate ahora en los tiempos verbales que acompañan, en cada caso, a las expresiones que están en negrita. ¿Cuáles son?

5. SI TUVIERA 25 AÑOS...

A. Estos son algunos fragmentos de mensajes de un foro de chilenos que han emigrado
o quieren emigrar. ¿Cuáles han emigrado ya? ¿Cuáles se plantean hacerlo en el futuro?

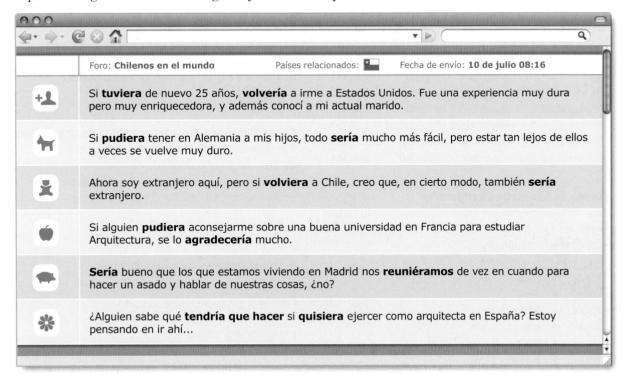

| Foro: **Chilenos en el mundo** | Países relacionados: | Fecha de envío: **10 de julio 08:16** |

Si **tuviera** de nuevo 25 años, **volvería** a irme a Estados Unidos. Fue una experiencia muy dura pero muy enriquecedora, y además conocí a mi actual marido.

Si **pudiera** tener en Alemania a mis hijos, todo **sería** mucho más fácil, pero estar tan lejos de ellos a veces se vuelve muy duro.

Ahora soy extranjero aquí, pero si **volviera** a Chile, creo que, en cierto modo, también **sería** extranjero.

Si alguien **pudiera** aconsejarme sobre una buena universidad en Francia para estudiar Arquitectura, se lo **agradecería** mucho.

Sería bueno que los que estamos viviendo en Madrid nos **reuniéramos** de vez en cuando para hacer un asado y hablar de nuestras cosas, ¿no?

¿Alguien sabe qué **tendría que hacer** si **quisiera** ejercer como arquitecta en España? Estoy pensando en ir ahí...

B. Fíjate en los tiempos verbales marcados en negrita que forman estas frases condicionales. ¿Los identificas?

C. Ahora, completa las siguientes frases con estos verbos en la forma adecuada. Las tres últimas frases se pueden completar con dos combinaciones de tiempos verbales distintas. ¿Qué diferencia crees que hay?

- aprender
- estar
- ir
- poder
- querer
- ser
- tener
- tener que
- dar
- estar
- mostrar
- poder
- saber
- ser
- tener
- trasladar

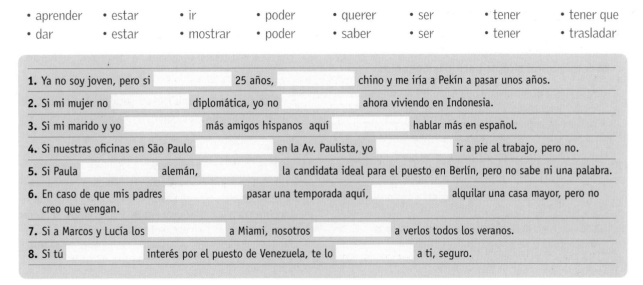

1. Ya no soy joven, pero si _____ 25 años, _____ chino y me iría a Pekín a pasar unos años.

2. Si mi mujer no _____ diplomática, yo no _____ ahora viviendo en Indonesia.

3. Si mi marido y yo _____ más amigos hispanos aquí _____ hablar más en español.

4. Si nuestras oficinas en São Paulo _____ en la Av. Paulista, yo _____ ir a pie al trabajo, pero no.

5. Si Paula _____ alemán, _____ la candidata ideal para el puesto en Berlín, pero no sabe ni una palabra.

6. En caso de que mis padres _____ pasar una temporada aquí, _____ alquilar una casa mayor, pero no creo que vengan.

7. Si a Marcos y Lucía los _____ a Miami, nosotros _____ a verlos todos los veranos.

8. Si tú _____ interés por el puesto de Venezuela, te lo _____ a ti, seguro.

Consultorio

EL CONDICIONAL SIMPLE

Forma de los verbos regulares
Se forma con las siguientes terminaciones después del infinitivo.

	ALQUILAR	OFRECER	DISCUTIR
(yo)	alquilar**ía**	ofrecer**ía**	discutir**ía**
(tú)	alquilar**ías**	ofrecer**ías**	discutir**ías**
(él/ella/usted)	alquilar**ía**	ofrecer**ía**	discutir**ía**
(nosotros/as)	alquilar**íamos**	ofrecer**íamos**	discutir**íamos**
(vosotros/as)	alquilar**íais**	ofrecer**íais**	discutir**íais**
(ellos/ellas/ustedes)	alquilar**ían**	ofrecer**ían**	discutir**ían**

Forma de los verbos irregulares
Los verbos irregulares en condicional simple tienen la misma raíz irregular que en futuro simple, con las siguientes terminaciones.

caber	→	**cabr-**	
decir	→	**dir-**	
haber	→	**habr-**	
hacer	→	**har-**	**ía**
poder	→	**podr-**	**ías**
poner	→	**pondr-**	**ía**
querer	→	**querr-**	+ **íamos**
saber	→	**sabr-**	**íais**
salir	→	**saldr-**	**ían**
tener	→	**tendr-**	
valer	→	**valdr-**	
venir	→	**vendr-**	

El condicional simple para pedir consejos

- ¿Vosotros qué **haríais**? **¿Firmaríais** el contrato?
- ¿Tú **buscarías** piso de compra o de alquiler?

El condicional simple para dar consejos

- Hombre, yo **pensaría** en mi familia antes de tomar cualquier decisión.
- Pues yo no lo **dudaría**; **aceptaría** hoy mismo la oferta.

Para dar consejos en 2.ª persona usamos **poder**, **deber** o **tener que** en este tiempo verbal.

- **Tendríais que** hacer algo con esta oficina, está hecha un desastre.
- Es verdad, **deberíais** pintarla como mínimo.
- Sí, quizá tenéis razón...

El condicional simple para expresar deseos

- **Me encantaría** poder desarrollar mi carrera en el extranjero.
- A mí también **me gustaría**.

El condicional simple para hacer peticiones
Usamos el condicional simple para hacer peticiones de manera cortés con verbos como **poder**.

- **¿Podrían** darme una cifra aproximada de ventas?

El condicional simple para hablar de condiciones
Finalmente, usamos el condicional para hablar de una acción que depende de una condición cuyo cumplimiento es imposible o consideramos poco probable (en imperfecto de subjuntivo).

- Si tuviera 30 años y estuviera soltero, no me lo **pensaría** y **me iría** ahora mismo.

EL IMPERFECTO DE SUBJUNTIVO

Forma
Se forma a partir de la 3.ª persona del plural del pretérito indefinido.

viajar → **viajar**on	deber → **debier**on	vivir → **vivier**on
estar → **estuvier**on	saber → **supier**on	decir → **dijer**on

Las terminaciones son iguales para todos los verbos.

	VIAJAR	DEBER	DECIR
(yo)	viajar**a**	debier**a**	dijer**a**
(tú)	viajar**as**	debier**as**	dijer**as**
(él/ella/usted)	viajar**a**	debier**a**	dijer**a**
(nosotros/as)	viajár**amos**	debiér**amos**	dijer**amos**
(vosotros/as)	viajar**ais**	debier**ais**	dijer**ais**
(ellos/ellas/ustedes)	viajar**an**	debier**an**	dijer**an**

Este tiempo tiene una forma totalmente equivalente con terminaciones en **-se**.

	VIAJAR	DEBER	DECIR
(yo)	viaja**se**	debie**se**	dije**se**
(tú)	viaja**ses**	debie**ses**	dije**ses**
(él/ella/usted)	viaja**se**	debie**se**	dije**se**
(nosotros/as)	viajá**semos**	debié**semos**	dijé**semos**
(vosotros/as)	viaja**seis**	debie**seis**	dije**seis**
(ellos/ellas/ustedes)	viaja**sen**	debie**sen**	dije**sen**

USOS DEL SUBJUNTIVO CON EXPRESIONES TEMPORALES DE FUTURO

Muchas expresiones temporales referidas al futuro exigen el uso del subjuntivo.

- **Cuando quieras** nos vemos en la sala de reuniones.
  + SUBJUNTIVO

- Puede dirigirse al director de Recursos Humanos **siempre que necesite** un consejo,
  + SUBJUNTIVO

- **Una vez** sus hijos **tengan** una vida aquí, no querrán volver a España. + SUBJUNTIVO

- **En cuanto tengamos** casa, podréis venir a visitarnos.
  + SUBJUNTIVO

- **Tan pronto como llegues** avísame, por favor.
  + SUBJUNTIVO

- Me llevaré los muebles de casa de mis padres **el día/en el momento...que termine** de pintar el piso
  + SUBJUNTIVO

EXPRESAR CONDICIONES

Existen varias estructuras para expresar condiciones. Algunas son también temporales, dependiendo del contexto.

- **(Solo) si** me **ofrecen** un trato mejor aceptaré este trabajo.   + INDICATIVO

- Pasar unos años en el extranjero puede ser una aventura apasionante **siempre que seas** una persona abierta a los cambios.   + SUBJUNTIVO

- **Para** entender la cultura empresarial del país, **debes/ deberás/deberías** observar bien a tus compañeros.
  + INDICATIVO/CONDICIONAL

- **En el caso de que** la experiencia **esté** resultando muy + SUBJUNTIVO
  dura, coméntalo con tu empresa matriz en tu país.

- **Cuando** las circunstancias lo **exijan**, no dude en + SUBJUNTIVO
  contactar a un especialista en mediación intercultural.

- **A no ser que llueva** muy pronto, buena parte de la + SUBJUNTIVO
  cosecha de este año se echará a perder.

USOS DEL DE SUBJUNTIVO PARA DAR CONSEJOS

Existen varias expresiones para dar consejos que pueden requerir el uso del subjuntivo.

Ser + ADJETIVO/SUSTANTIVO + **que** + SUBJUNTIVO

- **Es conveniente que** tu empresa **siga** pagando tu cotización a la Seguridad Social, tu jubilación no se verá afectada.

Otras expresiones + **que** + SUBJUNTIVO

- **No está de más que te informes** sobre el sistema sanitario del país en el que vivirás.

- **Más vale que te des** prisa o llegarás tarde al avión.

- **Estaría bien que te afeitaras*** para ir a la entrevista.

- **Sería bueno que tuvieras*** una alternativa por si te fallan los planes.

Verbos que expresan recomendación + **que** + SUBJUNTIVO

- **Te recomiendo que negocies** directamente con el director general, es muy comprensivo.

✱ En estas frases, si el verbo de la oración principal está en condicional, el verbo de la subordinada suele ser un imperfecto de subjuntivo.

«En el caso de que usted no pueda montar este mueble, puede llamar a nuestras oficinas para solicitar ayuda.»

Comunicación

6. UN FORO EN CLASE

A. Este es el mensaje que un internauta escribió respondiendo a Eugenio sobre su traslado a Buenos Aires. ¿Qué te parece? ¿Crees que le será de utilidad?

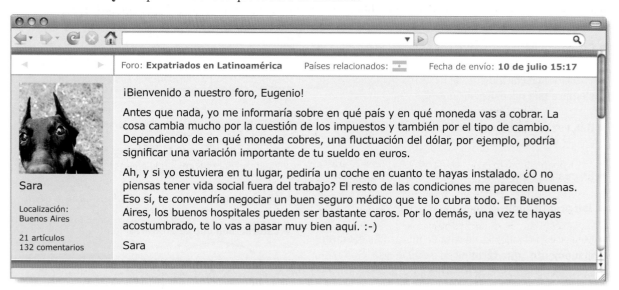

Foro: **Expatriados en Latinoamérica**   Países relacionados: Fecha de envío: **10 de julio 15:17**

Sara

Localización:
Buenos Aires

21 artículos
132 comentarios

¡Bienvenido a nuestro foro, Eugenio!

Antes que nada, yo me informaría sobre en qué país y en qué moneda vas a cobrar. La cosa cambia mucho por la cuestión de los impuestos y también por el tipo de cambio. Dependiendo de en qué moneda cobres, una fluctuación del dólar, por ejemplo, podría significar una variación importante de tu sueldo en euros.

Ah, y si yo estuviera en tu lugar, pediría un coche en cuanto te hayas instalado. ¿O no piensas tener vida social fuera del trabajo? El resto de las condiciones me parecen buenas. Eso sí, te convendría negociar un buen seguro médico que te lo cubra todo. En Buenos Aires, los buenos hospitales pueden ser bastante caros. Por lo demás, una vez te hayas acostumbrado, te lo vas a pasar muy bien aquí. :-)

Sara

B. Ahora vais a organizar un foro en clase (si queréis, podéis crear uno en internet). Cada uno de vosotros debe escribir una intervención en la que explique un problema (real o ficticio) sobre cualquier tema: estudios, trabajo, salud, relaciones personales, proyectos para el futuro, etc.

C. Una vez publicadas las intervenciones, todo el mundo debe elegir una y darle, oralmente o por escrito, un consejo a la persona que lo ha escrito. ¿Qué problema suscita más interés? ¿Cuáles son los mejores consejos?

7. AFRONTAR EL TRASLADO LABORAL

A. Según los expertos, en los traslados internacionales hay algunos factores que se deben tener en cuenta para que esta experiencia sea un éxito. Estos son algunos de ellos. En pequeños grupos, discutid sobre estos puntos: ¿entendéis lo que significan y qué implicaciones tienen?

Realismo
Muchas veces, el expatriado vive en el país de destino en condiciones económicas y con comodidades superiores a la que disfrutaba en su propio país. A la vuelta, hay que ser realista y no esperar que esa calidad de vida se mantenga al 100%.

Improvisación
Cuando estás fuera de tu país, hay decisiones cruciales que debes tomar en cuestión de segundos y no puedes vacilar. Hay que improvisar.

Apoyo familiar
Una buena parte del peso de una expatriación (trámites burocráticos, búsqueda de casa, contratación de servicios, etc.) no recae en el expatriado, sino en las personas que van con él. Si no cuentas con ese apoyo, estás perdido.

Plan de vuelta
No siempre puedes esperar a que tu compañía te ofrezca un plan para reintegrarte cuando regreses. Tienes que prepararlo tú para que nadie se olvide de ti.

Garantías
Cuando decides ir a otro país nadie te garantiza la continuidad de tu carrera en España. Por eso es importante llegar a un acuerdo previo con la empresa para el momento de la vuelta a casa.

● Lo del apoyo familiar está claro, ¿no? Si te trasladas a otro país con tu familia, es imprescindible que tu pareja te apoye.
○ Sí, pero si eres soltero quizá es más sencillo adaptarte...

B. ¿Qué otros factores creéis que pueden ser necesarios para el éxito de un traslado?

8. UNA VENEZOLANA EN TU CIUDAD

A. María Isabel, una arquitecta venezolana amiga tuya, está pensando en instalarse en tu ciudad y te ha enviado el siguiente correo electrónico. Te hace algunas preguntas que tal vez nunca te hayas planteado. Si es necesario, busca en internet, en páginas de embajadas o del gobierno de tu país y respóndele tú también por correo electrónico.

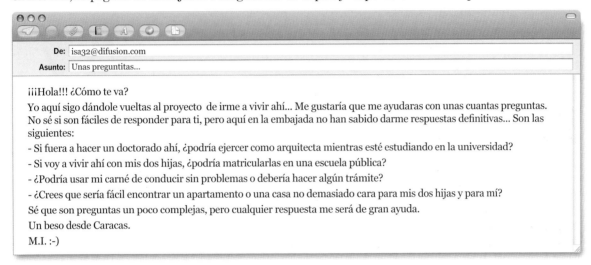

De: isa32@difusion.com

Asunto: Unas preguntitas...

¡¡¡Hola!!! ¿Cómo te va?

Yo aquí sigo dándole vueltas al proyecto de irme a vivir ahí... Me gustaría que me ayudaras con unas cuantas preguntas. No sé si son fáciles de responder para ti, pero aquí en la embajada no han sabido darme respuestas definitivas... Son las siguientes:

- Si fuera a hacer un doctorado ahí, ¿podría ejercer como arquitecta mientras esté estudiando en la universidad?

- Si voy a vivir ahí con mis dos hijas, ¿podría matricularlas en una escuela pública?

- ¿Podría usar mi carné de conducir sin problemas o debería hacer algún trámite?

- ¿Crees que sería fácil encontrar un apartamento o una casa no demasiado cara para mis dos hijas y para mí?

Sé que son preguntas un poco complejas, pero cualquier respuesta me será de gran ayuda.

Un beso desde Caracas.

M.I. :-)

B. Comparad en grupos las respuestas que le habéis enviado a María Isabel. ¿Son todas iguales? ¿Muy diferentes? ¿Dónde habéis encontrado esas informaciones?

Tarea

9. ¿QUÉ DEBERÍA HACER SUSANA?

 CD 8-10

A. La empresa en la que trabaja Susana va a abrir una oficina en México D. F. y le ha propuesto a ella ser la directora. Escucha estas conversaciones en las que varias personas hablan sobre el tema. Anota las informaciones más interesantes.

SUSANA
- ¿Quiere irse?
- ¿Por qué?
- ¿Qué condiciones le parece que debe poner?
- ¿Qué quiere hacer cuando llegue a México?

MIKEL, el marido de Susana
- ¿Quiere irse?
- ¿Por qué?
- ¿Qué condiciones le parece que debe poner Susana?
- ¿Qué quiere hacer si finalmente van a México?

ANDRÉS, gerente de la empresa
- ¿Quiere que Susana se vaya?
- ¿Por qué?
- ¿Qué condiciones le parece que puede aceptar por parte de Susana?
- ¿Qué quiere que haga Susana en México?

B. En parejas, comparad vuestras respuestas. Si es necesario, escuchad de nuevo las conversaciones.

C. Ahora, en parejas, imaginad que pertenecéis a una empresa de *coaching* a la que ha acudido Susana. Vais a realizar un pequeño informe con vuestras recomendaciones, según la información que tenéis. Primero, discutid sobre todo lo que habéis averiguado en las audiciones y sobre otros puntos que os parezcan interesantes; luego, escribid las recomendaciones.

- ¿Debe aceptar la oferta de su empresa?
- ¿Qué debería hacer respecto a las preocupaciones de su marido?
- ¿Qué condiciones debería poner? ¿Qué cosas no debería aceptar?
- Si finalmente va, ¿qué cosas debe hacer a su llegada a México D. F.?

10. UN NORTEAMERICANO EN MADRID

A. El siguiente texto, traducido del original inglés, ha sido escrito por un estadounidense. Richard escribe a unos amigos para hablarles de su nueva ciudad: Madrid. Léelo y comenta con tus compañeros qué te parece su carta: ¿interesante, divertida, respetuosa, inteligente..., o lo contrario?

De:	**Richard**
Asunto:	**Madrid**
Fecha:	**14/10/09**
Para:	**'Yanis'; 'Mummy'; 'SallyRobert'; 'Francis'; 'Aaron'; 'Sophie'**

Madrid_01.jpg(1,3MB)   Madrid_02.jpg(1,4MB)   Madrid_03.jpg(634KB)   Madrid_04.jpg(893KB)   Madrid_05.jpg(1,1MB)

Madrid, 9 de febrero de 2009

Me habéis oído decir que tanto a Betty como a mí nos llevó unas semanas acoplarnos a la forma de vida española. He pensado que quizás pueda ser interesante contaros algunas de las diferencias entre Bellevue y Madrid, ahí van:

1. Gente, montones de gente. Nosotros podemos andar toda la calle 5th NE y no ver un alma en varios días. Aquí, lo único que tienes que hacer es dar un paso fuera del portal de casa para ser engullido por un mar de gente. Parece no importar la hora que sea, pero aunque está algo tranquilo hasta las diez de la mañana, a partir de ahí ¡no para ya hasta la 1 de la madrugada!

2. Sobre la hora. Todo aquí se hace dos horas más tarde que en Bellevue. El desayuno, si lo tomas fuerte, se convierte en un aperitivo en el bar local (incluso en algo más) a eso de las 10 de la mañana. Después la hora de la comida, que va de 2.30 a cuatro de la tarde. ¡Alguna vez he llegado a salir de un restaurante a las 5! La cena es mucho más tarde, a eso de las diez de la noche, con otro aperitivo previo en el bar de la esquina a las siete o las ocho. No es raro que las oficinas cierren a esa hora, incluso más tarde. Por supuesto, muchas cierran dos o tres horas para comer. No tanto como hace veinte años, pero todavía muchas lo hacen.

3. Sobre la casa. Mucho más pequeña que la de Bellevue. Vivimos en un apartamento de 75 metros cuadrados, al cual nuestros amigos españoles llaman "amplio". Al fin y al cabo, estamos sólo los dos. Un par de cosas echamos de menos: no hay secadora de ropa. Tenemos un par de aparatos que se abren y en los que se cuelga la ropa para que se seque. Un rollo, está claro. Afortunadamente, Madrid es muy seca y las cosas se secan rápidamente (¿Os habéis secado alguna vez con una toalla secada al aire? ¡Ahhh!). Un baño y, por supuesto, un inodoro. Aquí los interruptores de la luz se pulsan hacia arriba para apagar y se bajan para encender. Los radiadores de calefacción son los de la abuela.

4. Compras. Gracias a que tenemos una nevera americana con el congelador arriba podemos estar dos o tres días sin hacer la compra. La mayoría de españoles no tienen esos lujos y sale a hacer la compra todos los días. Ahora Betty hace lo mismo pues lo encuentra relajante.

Fuente: Mi ciénega [en línea, agosto 2009] <http://marianolozano.com>

El mercado más grande de Madrid (está bajo techo y es unas 10 veces más grande que el de Pike's Place Market). En él puedes encontrar cualquier cosa que necesites, desde pescado y carne hasta verduras, o modistas, zapateros, afiladores; lo que quieras. Todo fresco del día, incluso el pescado, que lo fletan desde los puertos de mar la noche anterior. ¡Y lo presentan con las cabezas y todo! (...)

5. Llaves. En Bellevue, yo tengo una llave y el mando del garaje. En Madrid tengo 6 (sin contar el hecho de que cada armario tiene su llave); una para la puerta del portal, otra para la puerta de casa, otra para el buzón, otra para la puerta de acceso a las escaleras del garaje subterráneo y otra para el portón del garaje. Y otra más para entrar con el coche al garaje. (...)

6. Conducir. Para empezar, la gasolina cuesta como $4,50 el galón. Está subiendo en USA, pero todavía estamos lejos de esto. Conducir por autopistas también lleva su tiempo. La velocidad media de la mayoría de los coches está en 90 mph, aunque me han adelantado como si estuviera parado, como unas 50 mph más rápido. Hay muchas más autopistas de peaje pero normalmente nadie quiere pagar, aunque están mejor mantenidas y menos masificadas. Conducir por la ciudad no es recomendable. Demasiados coches, autobuses, camiones y demás y ni un sitio para aparcar. Afortunadamente, el autobús y el metro son muy buenos así que es fácil moverse. Desafortunadamente, no están bien adaptados para discapacitados aunque hay idea de instalar más ascensores en el metro, pero queda mucho para que lo hagan.

Bueno, ya tenéis una idea. Espero escribir más crónicas desde Madrid conforme pase el año. Espero que lo hayáis disfrutado.

Richard H.
:)

B. Ahora, entre todos, discutid, las siguientes preguntas.

- ¿Habéis descubierto algunas costumbres españolas que te llamen la atención? ¿Cuáles?
- ¿Encontráis sorprendentes algunos comportamientos de los españoles?
- En la manera de vivir de los madrileños, ¿qué detalles del día a día os parecen incómodos?
- ¿Qué ventajas e inconvenientes encuentras en el modo de vida descrito por este expatriado en Madrid?

C. ¿Qué detalles cotidianos podrían llamar la atención de los extranjeros que viven en tu país? Inspirándote en la carta anterior, escribe una describiendo qué cosas podrían extrañar a uno de esos extranjeros.

«En vender y en comprar, no hay amistad.»
Refrán español.

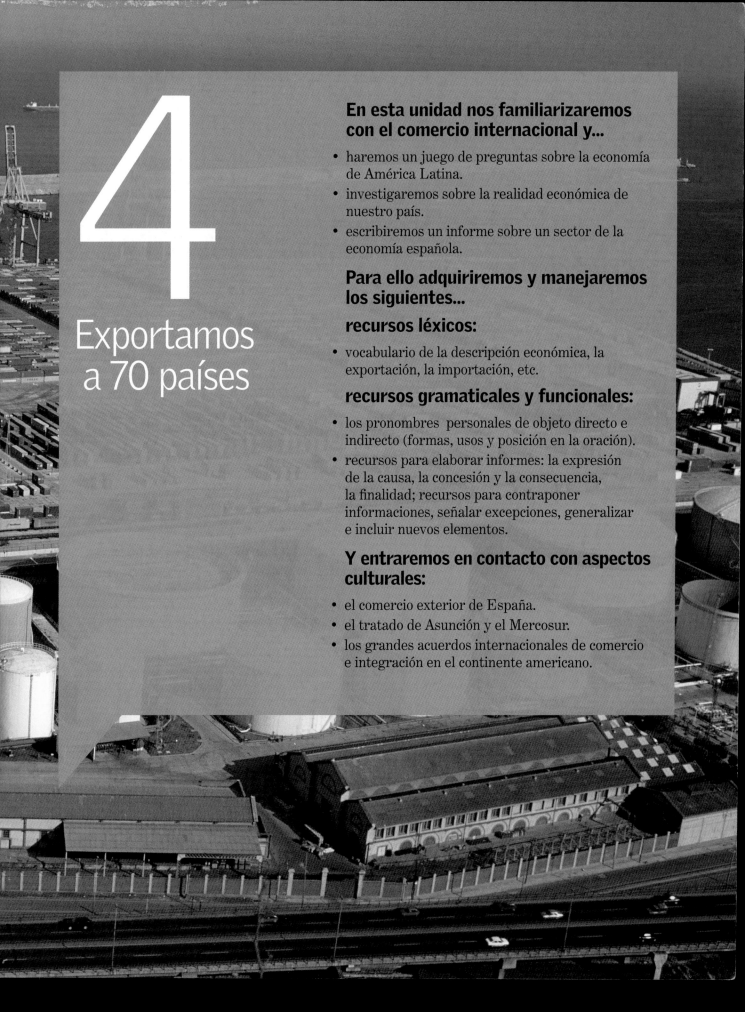

4

Exportamos
a 70 países

En esta unidad nos familiarizaremos con el comercio internacional y...

- haremos un juego de preguntas sobre la economía de América Latina.
- investigaremos sobre la realidad económica de nuestro país.
- escribiremos un informe sobre un sector de la economía española.

Para ello adquiriremos y manejaremos los siguientes...

recursos léxicos:

- vocabulario de la descripción económica, la exportación, la importación, etc.

recursos gramaticales y funcionales:

- los pronombres personales de objeto directo e indirecto (formas, usos y posición en la oración).
- recursos para elaborar informes: la expresión de la causa, la concesión y la consecuencia, la finalidad; recursos para contraponer informaciones, señalar excepciones, generalizar e incluir nuevos elementos.

Y entraremos en contacto con aspectos culturales:

- el comercio exterior de España.
- el tratado de Asunción y el Mercosur.
- los grandes acuerdos internacionales de comercio e integración en el continente americano.

Acercamiento

1. DATOS DE INTERÉS COMERCIAL

A. ¿Sabes a qué país se refieren estos datos? Discútelo con tus compañeros.

- Es el segundo destino turístico mundial, después de Francia.

- Es el segundo país de la U. E. en superficie, con más de 500 000 km².

- El 70% de la población es económicamente activa.

- Ocupa el cuarto lugar europeo en transporte marítimo de carga.

- Es un mercado de 45 millones de consumidores.

- El 44% del PIB corresponde al comercio exterior.

- El 68% de la población trabaja en el sector servicios.

- Es la octava economía mundial.

- Posee 47 aeropuertos abiertos al tráfico comercial con conexión internacional.

B. Vuestro profesor os dirá a qué país corresponden los datos anteriores. ¿Hay algo que te sorprenda?

- Yo no sabía que era un país tan grande...
- Sí, de los países de la Unión Europea, solo Francia tiene más superficie...

C. Estos son algunos datos relevantes sobre la economía española. Léelos y responde a las preguntas.

Naturaleza de la economía

POBLACIÓN OCUPADA POR SECTORES:

Agricultura, ganadería y pesca:	**4%**
Industria (incluye construcción):	**27,9%**
Servicios:	**68,1%**

CARACTERÍSTICAS DE LOS SECTORES PRODUCTIVOS:

La principal característica de la agricultura española es la gran extensión de superficie agraria dedicada al cultivo de cereal y a los cultivos de olivo y vid. No obstante, la principal aportación en cuanto al valor es la de los cultivos hortofrutícolas. Con respecto a la ganadería, las producciones más importantes son las de carne de porcino, leche, carne de bovino y carne de aves. El volumen de la producción pesquera en 2008 fue de 1 282 784 toneladas.

Entre las industrias españolas más importantes figuran la alimentaria, la de fabricación de automóviles, la química y la de productos metálicos. En 2008, el 46,1% de las exportaciones de la industria correspondieron a los sectores con nivel de intensidad tecnológica medio-alto. En dicho año, los sectores exportadores más representativos fueron los bienes de equipo, el automóvil, los alimentos y los productos químicos, que en conjunto supusieron el 78,4% de las ventas exteriores.

El sector servicios es el que contribuye mayoritariamente al PIB y al empleo. En 2008, España fue el segundo destino del turismo mundial. En dicho año, visitaron el país 57,4 millones de turistas. El tejido empresarial español está muy basado en la pequeña y mediana empresa (pyme). A comienzos de 2008, había 4712 grandes empresas y 3 414 779 pyme (0 a 249 asalariados). El 7,2% de las empresas ejercían su actividad en la industria, el 14,7% en la construcción, el 24,6% en el comercio y el 53,3% en el resto de los servicios.

Funcionamiento del mercado

COMERCIO EXTERIOR POR PAÍSES (10 principales)**:**

EXPORTACIONES: Francia, Alemania, Portugal, Italia, Reino Unido, Estados Unidos, Países Bajos, Bélgica, Marruecos, México.

IMPORTACIONES: Alemania, Francia, Italia, China, Reino Unido, Países Bajos, Estados Unidos, Portugal, Rusia, Bélgica.

COMERCIO EXTERIOR POR SECTORES Y POR VALOR:

EXPORTACIONES: Vehículos, tractores; máquinas y aparatos mecánicos; máquinas, aparatos y material eléctricos; combustibles, aceites minerales.

IMPORTACIONES: Combustibles y aceites minerales; vehículos, tractores; máquinas, aparatos y material eléctricos; máquinas y aparatos mecánicos.

ACCESIBILIDAD DEL MERCADO:

Como miembro de la UE, las importaciones a España procedentes de la Unión y las exportaciones con destino a esta no sufren ninguna restricción, excepto casos puntuales.

La importación de productos agrarios procedentes de países no comunitarios se realiza también en régimen de libertad comercial. Solo se exige la presentación de un certificado de importación para determinados productos, conforme a la normativa comunitaria del sector agrario correspondiente. La importación de productos industriales de países no comunitarios se efectúa igualmente en régimen de libertad comercial, con algunas excepciones: la importación de ciertas mercancías (textiles y confección y ciertos productos siderúrgicos) de determinados países se encuentra sometida a restricciones.

En cuanto a la exportación a países terceros, tanto la de productos agrarios como industriales, se realiza bajo el régimen de libertad comercial, excepto la de material de defensa, que está sujeta a autorización previa.

Fuente: FICHA PAÍS 2009. Madrid: Instituto Español de Comercio Exterior (ICEX), 2009. ISBN 798-84-7811-676-8

Tamaño del mercado

TOTAL DE HABITANTES:
46 157 822

DISTRIBUCIÓN POR SEXOS:
Hombres: 49,5%. Mujeres: 50,5%

DISTRIBUCIÓN POR EDADES:
0-14: 14,4%; 15-64: 69,0%; 65+: 16,6%

PIB POR HABITANTE:
24 020

COMPOSICIÓN DE LA POBLACIÓN:
El 88,6% de la población residente es española y el 11,4% es extranjera. Del total de los extranjeros, los más numerosos son: rumanos (13,9%), marroquíes (12,4%), ecuatorianos (8,1%), ingleses (6,7%), colombianos (5,4%), bolivianos (4,6%) y alemanes (3,4%).

POBLACIÓN DE LAS PRINCIPALES CIUDADES (en miles de habitantes)**:**
Madrid: 3213,3; Barcelona: 1615,9; Valencia: 807,2; Sevilla: 699,8; Zaragoza: 666,1; Málaga: 566,4

Fuente: FICHA PAÍS 2009. Madrid: Instituto Español de Comercio Exterior (ICEX), 2009. ISBN 798-84-7811-676-8

1. De los tres sectores de la economía, ¿cuál es el más desarrollado en España?
2. En el sector primario, ¿qué producciones aportan mayor valor?
3. ¿Cuáles son los principales sectores industriales españoles?
4. De todas las actividades terciarias, ¿cuál es la más importante en España?
5. ¿Qué característica particular presenta el tejido empresarial español?
6. ¿Qué país es el primer comprador de productos y servicios españoles?
7. ¿Qué productos tienen restricciones para su importación o exportación?

2. UN ACEITE CON VOCACIÓN INTERNACIONAL

CD 11

A. La flor del olivo es una empresa española que exporta aceite de oliva. Escucha la entrevista que un periodista le ha hecho al director de la empresa y luego completa las siguientes frases.

1. Desde los inicios, se dieron cuenta de que no se podían dedicar solo a..
   vender en el mercado español.
2. Hoy venden en el extranjero por valor de...
3. Tienen un departamento de Exportación que habla, ...
4. Exportan a... países.
5. Las dificultades que encuentran para exportar son...
6. En los países de la UE el reto es...
7. Los principales mercados no europeos son...
8. Entre los países asiáticos destaca... y en África...
9. Lo que facilita la exportación a América Latina es...
10. Los principales obstáculos que se encuentran para abrir mercados son...

CD 11

B. Escucha de nuevo la entrevista y anota aquellas palabras o expresiones que no entiendes. En grupos de tres, poned en común vuestras preguntas.

- Yo he anotado «empezamos a exportar tímidamente» o algo así, ¿qué significa?
- ¿«Tímidamente»? Pues imagino que quiere decir...

C. ¿Recuerdas alguna empresa de tu región o de tu país dedicada a la exportación? ¿Sabes qué productos exporta y a qué países?

Observación

3. CON RESPECTO A...

A. En las siguientes frases hay una serie de marcadores resaltados en negrita. Obsérvalos e intenta explicar su significado con otras palabras.

1. Los productos agrícolas no tienen restricciones para entrar en el país, **excepto** algunos productos transgénicos.

   Los productos agrícolas pueden entrar en el país, solo algunos productos transgénicos tienen restricciones.

2. Los pasajeros pueden identificarse con el DNI, **excepto en el caso de** viajar a países que exigen el uso de pasaporte.

3. La mayor superficie de cultivo se dedica a los cereales, el olivo y la vid. **No obstante**, los cultivos de frutas y verduras son los que facturan más.

4. **Con respecto a** la ganadería, la mayor producción corresponde a la carne de porcino, a leche y a la carne de bovino.

5. Esta campaña **no solo** promueve la compra de nuestro aceite **sino también** la de las aceitunas y las mayonesas.

6. Existe siempre la tentación de rebajar los precios de manera peligrosa **con tal de** ganar mercado.

7. El país ha hecho un gran esfuerzo para mejorar su imagen en el exterior **e incluso** ha encargado una campaña de marketing a una gran agencia internacional.

B. Fíjate en qué tipo de construcciones se usan con los marcadores de las frases anteriores y anótalas, con el ejemplo correspondiente.

> *excepto + SUSTANTIVO: excepto algunos productos*

C. Ahora, intenta completar o continuar estas frases de manera lógica.

1. Todos los sectores económicos crecieron, **excepto**...
2. El cliente no debe pagar por la asesoría técnica, **excepto en el caso de**...
3. Las compañías eléctricas han ganado mucho dinero este último año. **No obstante**, ...
4. **Con respecto a**... , la mayoría de mercancías entran en el país por vía terrestre.
5. Los pequeños productores **no solo** son una parte muy importante de nuestra industria **sino también**...
6. Es muy competitivo y está dispuesto a cualquier cosa **con tal de**...
7. Las exportaciones han aumentado en sectores muy diversos **e incluso**...

4. TENER AUTORIZACIÓN

A. Los sustantivos de la columna de la izquierda son típicos de los contextos comerciales y empresariales. En parejas, completad el cuadro.

Sustantivo	Verbo	Adjetivo o participio	Expresiones y colocaciones
autorización comercio incremento economía industria intercambio producción transporte	autorizar	autorizado	- Autorización previa / administrativa... - Tener autorización para... - Estar autorizado a / autorizar a...

> **ESTRATEGIA**
> Las maneras de expresar conceptos propios de una lengua tienen a veces estructuras que no son directamente traducibles. Ideas que en una lengua se expresan con un sustantivo + un adjetivo, por ejemplo, pueden decirse en otra lengua con otro tipo de estructuras.

B. Verificad vuestras respuestas con un diccionario y, si podéis, comprobad que las expresiones y colocaciones que proponéis son «típicas» en español. Podéis hacer lo mismo con otras palabras. Intentad traducirlas a vuestra lengua.

5. ¿YA SE LO HAS DICHO?

A. En los siguientes diálogos, los pronombres personales de OD y de OI aparecen en negrita. Encuentra, en cada caso, a qué se refieren y subráyalo.

1. ■ ¿Han enviado ya todos los pedidos pendientes?
   □ No. Todavía nos **los** están preparando.

2. ■ ¿Tienen ya nuestro contrato los franceses?
   □ Sí. Están estudiándo**lo** y, si todo va bien, **lo** firmarán mañana.

3. ■ ¿Qué **les** puedo llevar a las tías?
   □ Lléva**les** bombones, **les** encantan.

4. ■ **Le** enviaré los informes a Lucía mañana.
   □ No. Envía**selos** ya. Tiene prisa.

5. ■ ¿Los abogados hicieron las gestiones que **les** pedimos?
   □ No, aún no **las** han hecho, pero van a hacer**las** esta semana.

6. ■ ¿El encargado ya conoce la nueva normativa?
   □ Sí, **se la** hemos dado por escrito, así **la** puede leer con calma.

7. ■ **¿Le** has dado mi número directo al nuevo transportista?
   □ No. No **se lo** he dado, te quería preguntar antes si podía.

8. ■ ¿A la señora Puig, **le** envío las facturas a casa o al trabajo?
   □ No **se las** envíe usted. **Se las** llevaré yo mismo esta tarde.

B. Intenta completar los cuadros siguientes con los pronombres de OD y de OI.

Pronombres de OD	SINGULAR	PLURAL
MASCULINO		
FEMENINO		

Pronombres de OI	SINGULAR	PLURAL
MASCULINO Y FEMENINO		

C. Fíjate en los diálogos 3, 4, 5, 7 y 8. ¿Cuántos elementos en función de OI aparecen en una misma frase?

D. Observa ahora estos diálogos. En la respuesta, se utiliza el pronombre **lo**. ¿A qué sustituye? Subráyalo.

■ ¿La fotocopiadora no estaba ya reparada?
□ Pues sí, **lo** estaba, pero se ha vuelto a estropear.

■ ¿Sabéis que han trasladado a Enriqueta?
□ Sí, nos **lo** ha dicho Paco.

E. Observa en los diálogos la posición de estos pronombres según las formas verbales a las que acompañan. Anota de qué forma verbal se trata en cada caso e indica cuál o cuáles de las respuestas son correctas.

Preguntas	Respuestas	Forma verbal
■ ¿Habéis analizado la propuesta de RUINO S.A.?	□ **La** estamos analizando. □ Estamos **la** analizando. □ Estamos analizándo**la**.	
■ Ya tenemos el informe. ¿Se lo mandamos a la Sra. Lalín?	□ Sí. ¡Mandád**selo** ya! □ Sí. ¡Mandád**lose** ya! □ Sí. ¡**Se lo** mandad ya!	
■ ¿Hacemos ya la lista?	□ No, no hagais**la** aún. □ No, no **la** hagáis aún.	
■ ¿Podemos rellenar la ficha a mano?	□ No, tenéis que **la** rellenar directamente en la web. □ No, **la** tenéis que rellenar directamente en la web. □ No, tenéis que rellenar**la** directamente en la web.	

Consultorio

LOS PRONOMBRES PERSONALES DE OD Y OI

	PRONOMBRES OD	PRONOMBRES OI
(yo)	**me**	**me**
(tú)	**te**	**te**
(él/ella/usted)	**lo/le/la**	**le (se)**
(nosotros/as)	**nos**	**nos**
(vosotros/as)	**os**	**os**
(ellos/ellas)	**los**	**les (se)**
(ustedes)	**las**	**les (se)**

Pronombres de OD

El objeto directo (OD) es la parte de la frase –un sustantivo o un pronombre– que recibe directamente la acción del verbo. Puede ser una cosa o una persona (en este caso, precedida por la preposición **a**). Para evitar la repetición de los sustantivos en posición de OD usamos los pronombres de OD.

- ¿Y las agendas? ¿**Las** has pedido ya?

El pronombre personal **lo** puede referirse también a una parte del discurso o a un pronombre neutro (**eso, eso, aquello, algo...**).

- ¡Han abierto una nueva fábrica de chocolate aquí cerca!
- Sí, **lo** han dicho hoy en la tele.

- ¿Y esto qué es?
- No sé, **lo** han traído esta tarde de correos.

Lo también puede sustituir a adjetivos que complementan verbos como **ser, estar** o **parecer**.

- Luis es bastante eficiente, ¿no?
- Sí, **lo** es, y muy responsable.

❗ Para referirse a personas, se puede usar el pronombre **le**, en vez de **lo** (en masculino y singular).

- ¿Juan Torres? No, no **lo/le** conozco.

Pronombres de OI

El objeto indirecto (OI) es la parte de la frase –un sustantivo o un pronombre– que recibe indirectamente la acción del verbo (suele ir precedida de la preposición **a**). Para evitar la repetición de los sustantivos en posición de OI usamos los pronombres de OI.

- ¿Ester ya tiene la fruta que te di para ella?
- **Le** di las cerezas ayer, pero las fresas me las comí yo porque se estaban estropeando...

Combinación, colocación y uso de los pronombres

Cuando se combinan los pronombres de OD y OI, se ordenan de la siguiente forma: OI - OD.

- ¿Conoces al nuevo director?
- Sí, **me lo** ha presentado Paz. ¿A ti no **te lo** ha presentado?

Cuando a los pronombres de objeto indirecto **le, les** les sigue un objeto directo de 3.ª persona (**lo, la, los, las**), el primero se convierte en **se**.

- ¿**Le** has enviado el documento que faltaba al cliente?
- Sí, ya **se lo** he mandado.

Los pronombres personales se sitúan generalmente delante de las formas conjugadas de los verbos, pero se ponen detrás cuando el verbo va en imperativo afirmativo, infinitivo o gerundio, formando una sola palabra con él.

- ¿Qué hago con los paquetes?
- Prepára**los** ya, pero no **los** envíes aún.

- ¿Qué vas a hacer con esa carta, enviar**la** o archivar**la**?

- ¿Sabes cómo han conseguido vender tantos coches? Vendiéndo**los** a precio de coste.

Cuando los pronombres acompañan a perífrasis verbales, se pueden colocar después de la forma no conjugada o antes de la forma conjugada.

- Tengo que decír**telo** ya. = **Te lo** tengo que decir ya.

Cuando el objeto directo se nombra antes del verbo, se repite en forma de pronombre.

- Estos documentos **los** he redactado yo.
  ~~Estos documentos he redactado yo.~~

Cuando el objeto indirecto se nombra antes del verbo, aparece en forma de pronombre. Con frecuencia, el pronombre también aparece cuando el OI va después. Esta repetición es obligatoria con verbos de sentimiento, sensación, impresión, etc.

- A nuestro asesor **le** hemos pedido un estudio detallado.
  ~~A nuestro asesor hemos pedido un estudio detallado.~~

- (**Les**) hemos encargado a los proveedores más cajas.

- ¿**Les** preocupa la situación a los empresarios?
  ~~¿Preocupa la situación a los empresarios?~~

RECURSOS PARA ELABORAR INFORMES

Cuando elaboramos informes y otros textos complejos, solemos utilizar expresiones como las siguientes para conectar y cohesionar el texto, es decir, para estructurar las ideas que aparecen.

Oponer una información a otra

ahora bien,   en cambio,   no obstante,
sin embargo,   no solo ... sino (también)...
mientras que... + INDICATIVO

- Las exportaciones de productos agrícolas han disminuido, **mientras que** las de productos tecnológicos han crecido.

Conceder

a pesar de que...   aunque...
a pesar de... + INFINITIVO
pese a... + NOMBRE
por más/mucho que... + SUBJUNTIVO

- **Por mucho que** trabajemos, no conseguiremos terminar antes del viernes.

Expresar finalidad

a fin de...   para...
con el objeto de...   } + INFINITIVO
con la intención/finalidad de...

para que...
a fin de que... } + SUBJUNTIVO
con tal de que...

- **Para** poder dejar el trabajo y ponerme a trabajar por mi cuenta necesitaría ahorrar antes algo de dinero.
- **Con tal de que** me dejen en paz soy capaz de desconectar el teléfono.

Exeptuar

excepto...   salvo... + SUSTANTIVO
excepto en el caso de + INFINITIVO
salvo en el caso de que
excepto que... salvo que... } + SUBJUNTIVO

- **Salvo que** quieras pasarte el resto del año estresada, no aceptes ese proyecto en esas condiciones.
- **Excepto** el marrón, me gustan todos los colores.

Incluir

incluso...   incluyendo...

- **Incluyendo** festivos, voy a tener 16 días de vacaciones.

Contraponer

por un lado... y/pero por otro...
por una parte... y/pero por otra... } + SUSTANTIVO

- **Por un lado**, ella tiene razón: Jon debe descansar; **pero por otro**, es lógico que él quiera salir y hacer vida normal.

Explicar

de manera que...   es decir,
el problema es que... o sea, } + INDICATIVO
esto es,

- **O sea**, ¿que esta es tu última oferta? Pues no nos interesa.

Expresar causa

a causa de...   porque...
debido a...   ya que... } + INDICATIVO
gracias a... } + SUSTANTIVO puesto que...
por culpa de...

- Pues **ya que** no nos quieres acompañar, friega los platos.

Expresar consecuencia

así pues,   por eso,
así que...   por consiguiente, } + INDICATIVO
esto supone que... por (lo) tanto,
de ahí que...   + SUBJUNTIVO

- No nos quejamos del error la primera vez; **de ahí que** ahora el pedido vuelva a estar mal.

Referirse a ciertos aspectos

con respecto a...   en lo referido a...
en cuanto a...   por lo que respecta a... } + SUSTANTIVO

- **Con respecto a** tu propuesta: ¿por qué no se la haces al director? A mí me parece buena idea.

Generalizar

con frecuencia... en conjunto... por lo general...
en general... por lo común... normalmente...

Por lo general, la gente dice que es fácil integrarse en este barrio...

Comunicación

6. NOTICIAS EXTRAÑAS

Los siguientes titulares de periódico son un poco extraños. Léelos y, en parejas, intentad encontrarles una explicación. Luego, contádsela a vuestros compañeros. ¿Coinciden vuestras explicaciones?

> Los españoles ven más cine que nunca; no obstante, las salas están vacías

> **Los productos alimentarios españoles viven un buen momento, excepto los que empiezan por la letra A**

> **El presidente del Banco BBBB, dispuesto a todo con tal de perder dinero**

> La compañía de telefonía TELETEL no solo baja las tarifas sino que, además, invita a cenar a sus clientes

> Los ministros de comercio comunitarios se reunirán en Madrid, excepto en caso de lluvia

> **Las naranjas empiezan a ser verdes conforme a lo establecido por la ley**

7. ¿QUÉ SABES DE HISPANOAMÉRICA?

A. Aquí tienes 5 preguntas sobre la economía de los países hispanoamericanos. ¿Cuántos de vosotros sabéis las respuestas?

1. Son los países de América Latina que más hidrocarburos producen y exportan.
- ☐ Venezuela y México
- ☐ Uruguay y Argentina
- ☐ Panamá y Colombia

2. Es el mayor productor y exportador de cobre del mundo.
- ☐ Perú
- ☐ Chile
- ☐ Bolivia

3. El sector minero representa algo más del 50% de las exportaciones de este país.
- ☐ Ecuador
- ☐ Perú
- ☐ Cuba

4. Su PIB es el más elevado de los países de hispanoamérica.
- ☐ Argentina
- ☐ Chile
- ☐ Paraguay

5. Es uno de los países en los que España ha invertido más en los últimos años.
- ☐ México
- ☐ Guatemala
- ☐ Costa Rica

www **B.** Ahora, en grupos de 3, vais a crear 3 tarjetas más con preguntas sobre la economía de los países hispanoamericanos. Para ello, podéis recurrir a vuestros propios conocimientos, pedir información a alguien o hacer una búsqueda en internet.

C. Por turnos, cada grupo sacará una de sus tarjetas y formulará la pregunta al resto de la clase. ¿Qué grupo ha acertado más respuestas?

8. MI PAÍS

¿Recordáis la ficha sobre España de la actividad 1? En grupos de dos, vais a redactar una ficha parecida sobre vuestro país o vuestra región. Podéis seguir un esquema como este.

1. NATURALEZA DE LA ECONOMÍA
· Población ocupada por sectores
· Características de los sectores productivos

2. FUNCIONAMIENTO DEL MERCADO
· Comercio exterior por países (10 principales)
· Comercio exterior por sectores
· Accesibilidad del mercado

3. TAMAÑO DEL MERCADO
· Total de habitantes
· Composición de la población
· Distribución por sexos
· Distribución por edades
· Población de las principales ciudades
· PIB por habitante

9. EL MUNDO DEL VINO

Tarea · **CD 12**

A. En grupos, vais a elaborar un informe sobre la situación de la industria del vino en España. La primera fuente de información es una entrevista realizada a una experta en el sector vitivinícola. Siguiendo estos puntos, tomad notas para redactar la introducción del informe.

- Importancia del cultivo de la uva en España.
- Momento del sector vitivinícola en España.
- El problema de la figura "Viñedos de España".
- Retos del sector.

B. Los siguientes gráficos os permitirán conocer algunos datos del sector vitivinícola mundial, europeo y, en particular, del español. Analizadlos y extraed algunas conclusiones.

SUPERFICIE DE VIÑEDO EN EL MUNDO
(2007) (% s/total mundo)

España (14,8) — Francia (11,0) — EE.UU. (5,2) — Argentina (2,9) — Australia (2,2) — China (6,2) — Italia (10,6) — Chile (2,5) — Total U.E. (27) (44,6)

Fuente: OIV

PRODUCCIÓN DE VINO U.E.

2007	% s/total
Italia	45,9
Francia	45,4
España	34,7
Alemania	10,5
Portugal	5,7
Rumanía	5,3
Hungría	3,7
Grecia	3,5
Austria	2,6

Fuente: ICEX

EXPORTACIONES ESPAÑOLAS DE TODOS LOS VINOS (2007) (% s/total)

Alemania 16,0 — EEUU 11,4 — Reino Unido 16,9 — México 2,0 — Japón 2,0 — Italia 4,9 — Francia 6,0 — Bélgica 2,8 — Suiza 5,1 — Suecia 3,0 — Dinamarca 2,3 — Rusia 3,4 — Portugal 2,4 — Canadá 2,5 — Países Bajos 4,2 — Resto 15,1

Fuente: ICEX

EXPORTACIONES DE LAS PRINCIPALES DENOMINACIONES DE ORIGEN

2007	% s/total
Cava	20,3
Rioja	17,5
La Mancha	9,4
Valencia	9,3
Jerez	9,1
Navarra	3,7
Cataluña	3,6
Cariñena	3,6
Valdepeñas	3,4
Utiel-Requena	3,3
Penedès	2,2
Jumilla	1,9
Otros	12,7

Fuente: ICEX

C. Ahora, con los datos obtenidos en los apartados A y B, elaborad vuestro breve informe, que podéis compartir con los demás. Podéis orientaros con el modelo de informe del anexo *Documentos para el trabajo*.

10. CONSIDERANDO...

A. Este es el comienzo del Tratado de Asunción. Es el documento de fundación de un acuerdo internacional muy importante, ¿sabes de cuál?

TRATADO PARA LA CONSTITUCIÓN DE UN MERCADO COMÚN ENTRE
LA REPÚBLICA ARGENTINA,
LA REPÚBLICA FEDERATIVA DEL BRASIL,
LA REPÚBLICA DEL PARAGUAY
Y LA REPÚBLICA ORIENTAL DEL URUGUAY

La República Argentina, la República Federativa del Brasil, la República del Paraguay y la República Oriental del Uruguay, en adelante denominados Estados Partes; **CONSIDERANDO** que la ampliación de las actuales dimensiones de sus mercados nacionales, a través de la integración, constituye condición fundamental para acelerar sus procesos de desarrollo económico con justicia social; **ENTENDIENDO** que ese objetivo debe ser alcanzado mediante el más eficaz aprovechamiento de los recursos disponibles, la preservación del medio ambiente, el mejoramiento de las interconexiones físicas, la coordinación de las políticas macroeconómicas y la complementación de los diferentes sectores de la economía, con base en los principios de gradualidad, flexibilidad y equilibrio; **TENIENDO** en cuenta la evolución de los acontecimientos internacionales, en especial la consolidación de grandes espacios económicos y la importancia de lograr una adecuada inserción internacional para sus países; **EXPRESANDO** que este proceso de integración constituye una respuesta adecuada a tales acontecimientos; **CONSCIENTES** de que el presente Tratado debe ser considerado como un nuevo avance en el esfuerzo tendiente al desarrollo en forma progresiva de la integración de América Latina, conforme al objetivo del Tratado de Montevideo de 1980; **CONVENCIDOS** de la necesidad de promover el desarrollo científico y tecnológico de los Estados Partes y de modernizar sus economías para ampliar la oferta y la calidad de los bienes y servicios disponibles a fin de mejorar las condiciones de vida de sus habitantes; **REAFIRMANDO** su voluntad política de dejar establecidas las bases para una unión cada vez más estrecha entre sus pueblos, con la finalidad de alcanzar los objetivos arriba mencionados, **ACUERDAN:**

CAPÍTULO I
PROPÓSITOS, PRINCIPIOS E INSTRUMENTOS

ARTÍCULO 1
Los Estados Partes deciden constituir un Mercado Común, que debe estar conformado al 31 de diciembre de 1994, el que se denominará Mercado Común del Sur (MERCOSUR). Este Mercado Común implica:
- La libre circulación de bienes, servicios y factores productivos entre los países, a través, entre otros, de la eliminación de los derechos aduaneros y restricciones no arancelarias a la circulación de mercaderías y de cualquier otra medida equivalente. (...)

B. Los documentos de este tipo suelen estar escritos en un estilo bastante complejo, que aúna características de los textos políticos y legales. Resumidlo respondiendo a las siguientes preguntas.

1. ¿Quiénes están reunidos para llegar a un acuerdo?
2. ¿Qué circunstancias internacionales observan?
3. ¿A qué acuerdo llegan?
4. ¿Qué deciden hacer?
5. ¿Qué cosas cambiarán previsiblemente en esos países?

C. ¿Qué sabéis del Mercosur? ¿Creéis que es una organización influyente en el mundo? ¿Pertenece vuestro país a una organización semejante? ¿Es esa organización importante para la economía de vuestro país? ¿Y para vuestro día a día?

11. ACUERDOS INTERNACIONALES

A. En toda América existen diferentes formas de integración que tienen como objetivo facilitar los intercambios comerciales y desarrollar la cooperación interregional. Observa este cuadro, que resume las asociaciones más importantes, y encuentra: la que agrupa a más países y a más población, la que tiene menos países fundadores y cuáles de ellas solo reúnen a países de habla hispana. Intenta situar los países citados en el mapa.

Nombre	Países fundadores	Superficie aproximada	Población aproximada
Mercado Común del Sur (MERCOSUR)	Argentina, Brasil, Paraguay y Uruguay.	13 000 000 km²	270 millones (8.° puesto a nivel mundial)
Comunidad Andina de Naciones (CAN)	Bolivia, Ecuador, Perú y Colombia.	4 000 000 km²	100 millones (12.° puesto a nivel mundial)
Unión de Naciones Suramericanas (UNASUR)	MERCOSUR, CAN, Chile, Guyana, Surinam y Venezuela.	18 000 000 km²	390 millones (6.° puesto a nivel mundial)
Mercado Común Centroamericano (MCCA)	Costa Rica, El Salvador, Guatemala, Honduras y Nicaragua.	424 000 km²	38 millones (30.° puesto a nivel mundial)
Asociación Latinoamericana de Integración (ALADI)	Argentina, Bolivia, Brasil, Chile, Colombia, Cuba, Ecuador, México, Paraguay, Perú, Uruguay y Venezuela.	21 000 000 km²	515 millones (4.° puesto a nivel mundial)
Alianza Bolivariana para los Pueblos de Nuestra América - Tratado de Comercio de los Pueblos (ALBA-TCP)	Antigua y Barbuda, Bolivia, Cuba, Dominica, Ecuador, Honduras, Nicaragua, San Vicente, Granadinas y Venezuela.	2 650 000 km²	77 millones (18.° puesto a nivel mundial)
Tratado de Libre Comercio de América del Norte (TLCAN)	Canadá, Estados Unidos y México	22 000 000 km²	450 millones (5.° puesto a nivel mundial)
Área de Libre Comercio de las Américas (ALCA)	Norteamérica, Centroamérica, Caribe (excepto Cuba) y Sudamérica.	43 000 000 km²	756 millones (3.° puesto a nivel mundial)

B. ¿Conocías a alguno de estos grupos antes de leer la información? ¿Cuáles?

C. En grupos de dos o tres, elegid una de las alianzas anteriores, buscad información relevante sobre ella y presentadla a vuestros compañeros. Podéis buscar en internet, tanto en páginas de información enciclopédica y de actualidad general o económica como en los sitios oficiales de la asociación. Este es un posible esquema de vuestra presentación.

· Fecha de creación
· Idiomas oficiales
· Estados asociados
· Países observadores
· Historia de la constitución del acuerdo internacional

· Países que lideran esta unión
· Objetivos de la integración
· Desafíos
· Posibles tensiones con otras asociaciones

«Aquel hombre que pierde la honra por el negocio, pierde el negocio y la honra.»

FRANCISCO DE QUEVEDO (1580 - 1645), escritor español.

5

Montamos un negocio

En esta unidad nos familiarizaremos con el proceso de creación de una empresa y...

- distutiremos sobre qué productos, servicios y establecimientos nuevos son necesarios en nuestro entorno.
- elaboraremos el plan de empresa de una compañía o de una ONG y lo expondremos oralmente.

Para ello adquiriremos y manejaremos los siguientes... recursos léxicos:

- vocabulario para describir productos y servicios.
- vocabulario para describir un proyecto empresarial.

recursos gramaticales y funcionales:

- los diferentes tiempos del pasado y su uso en el relato (pretérito indefinido, imperfecto, perfecto y pluscuamperfecto).
- las frases de relativo con subjuntivo.
- las estructuras de relativo para conectar el discurso y expresar causa, consecuencia, etc.
- las perífrasis verbales con infinitivo, gerundio y participio.

Y entraremos en contacto con aspectos culturales:

- una importante compañía textil española y su espíritu de empresa.
- el carácter emprendedor.

Acercamiento

1. UN PROYECTO CON FUTURO

A. El siguiente documento es el resumen de un plan de empresa que dos futuros empresarios van a presentar a un banco para obtener financiación. ¿Qué te parece su producto? ¿Por qué piensan que su empresa tendrá éxito? Ponle un nombre a la empresa.

NOMBRE DE LA EMPRESA:

1. Descripción del producto

Nuestra empresa se propone llevar a cabo un proyecto innovador: la fabricación y comercialización de un casco de moto con airbag.

Nuestro producto consiste en un airbag incorporado al casco que aumenta la protección del motorista en caso de accidente. Un ordenador colocado bajo el sillín de la moto gestiona los estímulos que recibe del exterior; en función del resultado que obtiene, en 15 décimas de segundo el airbag se despliega alrededor del cuello y en la parte superior de la espalda para así amortiguar los posibles impactos.

El prototipo final diseñado por nuestro equipo de ingenieros y médicos especializados ha sido premiado en varios concursos internacionales de inventos y de diseño industrial.

2. Estudio de mercado

Estamos convencidos de que nuestro proyecto es viable porque el mercado al que nos dirigimos no cuenta con ningún producto semejante, lo que constituye uno de nuestros principales puntos fuertes. Constatamos, por lo tanto, que existe un nicho de mercado para nuestro producto.

España cuenta con más de dos millones de motoristas, por lo que, en nuestra fase inicial, nos dedicaremos exclusivamente al mercado nacional. Nos hemos marcado como primer objetivo consolidar la cartera de clientes en este ámbito y aumentar progresivamente nuestra presencia en el internacional, principalmente en Alemania y en Francia, donde hemos realizado los primeros contactos con compradores potenciales, que se han mostrado muy interesados.

3. Plan de marketing

Nuestra misión como fabricante consistirá en crear productos innovadores que sean un referente en la protección del motorista. Nuestro objetivo comercial es obtener una cuota de mercado inicial pequeña, pero con un aumento constante, en el sector del casco. Planeamos empezar a comercializar nuestros productos a partir del próximo mes de septiembre. Sacaremos a la venta 3000 unidades en España, por un precio de 820 euros, disponibles en negro, gris y blanco, y en cuatro tamaños.

En cuanto a la distribución, nos hemos propuesto contar con los distribuidores más prestigiosos de cada región o país. También procuraremos establecer convenios para servir directamente a los organismos públicos y privados interesados (cuerpos de policía y de bomberos, empresas de mensajería, etc.).

Por lo que respecta a la promoción, dispondremos de una página web en versión española, inglesa, francesa y alemana. Nuestro sitio será una herramienta de marketing y también de venta directa.

Finalmente, pretendemos contar con el apoyo de las administraciones públicas por el hecho de contribuir a la prevención de accidentes.

4. Organización y gestión

La empresa tendrá su domicilio en la ciudad de Barcelona, que cuenta con una proporción de motos por habitante notablemente elevada. Nuestra implantación en Cataluña nos facilitará un rápido acceso a los mercados regionales, nacionales e internacionales, ya que la región cuenta con la estructura logística necesaria. Por lo que respecta a las instalaciones, dispondremos de un taller de ensamblaje en la periferia de la ciudad y de una oficina en el centro.

Desde el punto de vista del personal, los dos socios fundadores poseemos cada uno el 50% del capital social. La estructura de la plantilla prevista inicialmente es la siguiente: dos gerentes, tres comerciales, dos administradores, dos encargados de proyectos, dos ingenieros técnicos y seis operarios, lo que representa un total de 17 personas durante el primer año.

5. Plan económico - financiero

El capital necesario para iniciar el proyecto es de 600 000 euros. Contamos con 300 000 euros de recursos propios y esperamos obtener un préstamo de otros 300 000 euros más. En cuanto a las inversiones, dedicaremos un total de 150 000 euros para el acondicionamiento del local, el mobiliario, los equipos informáticos y las máquinas y herramientas del taller. Entre los gastos de personal, de proveedores, de administración y financieros calculamos un total de costes fijos de alrededor de 325 000 euros anuales. Los costes variables (gastos de viaje, de promoción y comisiones de ventas), no deberían sobrepasar los 75 000 euros. Según nuestros cálculos, los ingresos de explotación ascenderían, en el mejor de los casos, a 250 000 euros durante el primer año. Descontando los impuestos, el resultado del primer ejercicio rondaría los 180 000 euros de beneficio, lo que nos permitiría asentarnos en el mercado.

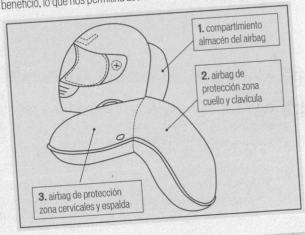

1. compartimiento almacén del airbag

2. airbag de protección zona cuello y clavícula

3. airbag de protección zona cervicales y espalda

B. Ahora responde a las siguientes preguntas.

1. ¿Tiene competidores esta empresa? ¿Sus creadores consideran eso bueno o malo?
2. ¿Dónde se localizará la empresa? ¿Qué ventajas parece tener esa localización?
3. ¿Con qué plantilla comenzarán a funcionar? ¿Te parecen suficientes personas?
4. ¿A qué se refieren los creadores de la empresa con la palabra *misión*, en el apartado «Plan de marketing»?
5. ¿A qué mercados se dirigirán? ¿Quiénes serán sus clientes?
6. ¿Cuál será el total de costes, entre fijos y variables?
7. ¿El primer ejercicio arrojará pérdidas o ganancias? ¿De cuánto? ¿Te parece creíble?
8. En tu opinión, ¿cuáles son los puntos fuertes de este proyecto? ¿Tiene algún punto débil?

C. ¿Qué preguntas crees que deberían plantearles las personas encargadas de analizar el plan y dar la aprobación al préstamo?

- Yo creo que deberían preguntarles por la cartera de clientes, el plan no es demasiado concreto...
- Sí, y también deberían...

2. UN HOTELERO

A. Un joven hotelero español cuenta cómo nació y se desarrolló su empresa. Escucha y completa los siguientes fragmentos de sus explicaciones.

2.ª respuesta

- Me di cuenta de que cuando iba a una gran ciudad, si quería estar en un hotel céntrico...
- No entendía el porqué de eso, así que cuando abrí mi primer hotel, quería que fuera...

1.ª respuesta

- Mi familia venía de una experiencia...
- Habíamos dicho que nunca...

3.ª respuesta

- El primer hotel que monté fue...
- No hicimos nada de publicidad, pero a los seis meses...
- En ese momento me di cuenta de que...

5.ª respuesta

- En estos años hemos tenido...

4.ª respuesta

- Mi padre no lo entendió y quiso convencerme...
- Lo monté y, a los seis meses, fui a hablar con mi padre y...

B. Escucha de nuevo la entrevista y escribe las seis preguntas que le ha hecho su amiga.

C. En la conversación se usan las siguientes palabras y expresiones. En parejas, intentad explicar qué significan. Si es necesario, escuchad de nuevo la entrevista.

- un negocio ruinoso
- un hotel céntrico
- (tener) todas las comodidades
- (estar) a precio razonable
- un éxito brutal
- un nicho de mercado
- tirarse de cabeza
- entrar en un negocio
- un negocio muy esclavo
- el día a día
- merecer la pena

ESTRATEGIA

Los documentos orales, al igual que los escritos, te pueden servir para ampliar tu vocabulario de manera eficaz. Aunque sea la primera vez que oyes un grupo de palabras o una expresión, puedes entender su significado gracias al contexto y a tus conocimientos de palabras de la misma familia. Una vez has entendido lo que significan y en qué contexto se pueden usar, utilízalas tú también. Merece la pena hacer el esfuerzo. ;-)

Observación

3. TRAYECTORIAS

A. Tres personas hablan del inicio de su carrera profesional en una revista sobre emprendedores. Lee sus testimonios y resume cada uno de ellos en una frase.

María Villegas, SERVILIMPIO (servicios de limpieza)

Mis primeros ingresos los conseguí gracias al deporte. Jugaba al baloncesto y con lo que ganaba me pagué mis estudios universitarios. Entré en el mundo laboral como representante en una distribuidora de productos de higiene. Durante una visita comercial, me propusieron presentarme a una selección de personal en una empresa inglesa que había llegado a España unos meses antes. Me dieron el puesto y desde entonces estoy aquí. Han sido 8 años muy interesantes, en los que he trabajado mucho y he aprendido mucho. ‖‖

Miguel Ángel Olmedo, ENERGISOL, S. L. (energías renovables)

Fundamos la empresa en el año 2003. Teníamos pocos recursos económicos pero mucha ilusión y ganas de ofrecer un servicio novedoso. Antes habíamos trabajado siempre por cuenta ajena. Fue para nosotros un verdadero desafío. Comenzamos instalando sistemas de energía solar. En muy poco tiempo, empezamos a trabajar también con la energía térmica y eólica. En el año 2007 instalamos nuestra primera conexión de red eléctrica con paneles solares fotovoltaicos. Hasta hoy, hemos realizado más de setecientas instalaciones en España, Francia y Portugal. ‖‖

Remedios Escribano, IMÁGENES, S. L. (imagen digital)

Empecé mi carrera profesional en 1998, cuando tenía veinticinco años. Comencé con una sola tienda y con el apoyo de un amigo, Germán, que es mi socio. A él siempre le había interesado la fotografía y a mí el diseño y un buen día decidimos convertir lo que era una pasión en una profesión. Hoy contamos con tres tiendas de fotografía y una productora audiovisual. Ha sido duro en muchos momentos pero nunca me he arrepentido de haber tomado la decisión de crear mi propio negocio. ‖‖

B. Fíjate en los tiempos verbales subrayados. Corresponden a cuatro tiempos diferentes del pasado. ¿Sabes cuáles son?

C. En parejas, fijaos en cómo se usan estos tiempos verbales en los textos. Luego, relacionad cada tiempo verbal con su uso.

USAMOS		PARA..
1. el pretérito perfecto (**he aprendido**)	☐	hablar de acciones anteriores a otras acciones pasadas.
2. el pretérito indefinido (**conseguí**)	☐	hablar de acciones desarrolladas hasta el momento actual, sin especificar ni marcar cuándo tuvieron lugar.
3. el pretérito imperfecto (**jugaba**)	☐	hablar de las acciones terminadas que hacen avanzar la acción. Con este tiempo, marcamos las etapas del relato.
4. el pretérito pluscuamperfecto (**había llegado**)	☐	hablar de las circunstancias que rodean las acciones pasadas, presentándolas como acciones en progreso o repetidas.

4. UNA PERSONA QUE CONOZCA BIEN MADRID

Lee los siguientes fragmentos de conversaciones y responde a las preguntas.

1. La persona ideal para este trabajo es alguien **que conozca** bien Madrid.
2. La persona ideal para este trabajo es alguien **que conoce** bien Madrid.

• ¿En cuál de los dos casos la persona que habla parece tener ya un candidato para el puesto?

3. ...una empresa **que sea** un referente en el sector turístico.
4. ...una empresa **que es** un referente en el sector turístico.

• ¿Cuál de los dos fragmentos puede ser la continuación de «Queremos crear...»?

5. Será una moto **que se pueda** conducir también en el agua.
6. Será una moto **que se puede** conducir también en el agua.

• ¿En cuál de los dos casos la persona que habla parece saber realmente cómo será esa moto?

5. DICCIOMATIC

A. Las siguientes frases hablan del lanzamiento de Dicciomatic, un nuevo producto. ¿Sabes de qué se trata?

1. España será el país de lanzamiento, **por lo que** la primera versión será español-inglés, inglés-español.

2. Dicciomatic lee o escucha la palabra o la frase y da su traducción en la lengua elegida **de modo que** el alumno no tiene que perder tiempo buscando en el diccionario.

3. Estamos seguros de que tendremos éxito, **ya que** conocemos bien las necesidades de los estudiantes de lenguas extranjeras.

4. Dicciomatic tiene la garantía de la Universidad Politécnica Internacional, **donde** se han realizado los primeros contactos con compradores potenciales, que se han mostrado muy interesados.

5. El precio de venta al público es de 20 euros, **lo que** lo convierte en un producto asequible para el gran público.

6. El estudiante también puede leer o escuchar, en la lengua elegida, una breve explicación gramatical sobre esa palabra o frase, **para lo que** hemos incorporado unos auriculares al modelo.

B. Los conectores de los fragmentos anteriores marcados en negrita sirven para mostrar la conexión entre las frases que enlazan (causa, consecuencia, lugar, etc.). Sustituye cada uno de ellos por una de las siguientes expresiones.

ahí   eso   para eso   por eso   porque   y así

C. Vuelve a leer las frases del apartado A tras sustituir los conectores iniciales por los del apartado B. ¿Te parecen más o menos formales?

6. EL HOSTAL DE LOLA Y SERGIO

A. Estas frases resumen la aventura de Lola y Sergio, una pareja que, un buen día, decidió que quería dejar la ciudad y cambiar de vida. Ordénalas para conocer su historia. Hay varias maneras posibles.

El problema era el precio: era demasiado cara. Lola le hizo una oferta al propietario que este no aceptó. Un mes más tarde **volvieron a hablar** con él y le hicieron una nueva oferta; esta vez la respuesta fue que sí.

Como no encontraban nada de su gusto, **siguieron buscando**, hasta que un día fueron a Urús, allí encontraron una casa perfecta.

Se instalaron, y ahora el ayuntamiento **acaba de concederles** el último permiso que necesitaban para empezar las reformas.

Lola y Sergio **llevaban trabajando** más de diez años en una oficina en la ciudad y querían irse a vivir a la montaña.

Este verano no **podrán ir** de vacaciones, **deben quedarse** en su hostal, ¡pero están contentísimos!

Por suerte, ya **tienen reservadas** todas las habitaciones para la temporada de esquí. ¡Antes de abrir, el hostal ya es un éxito!

Solo con esto **llevan gastados** más de 100 000 euros; no es una inversión enorme, pero para ellos ha sido un gran esfuerzo.

Para empezar **están arreglando** el techo y construyendo dos habitaciones nuevas en el desván.

Para conseguir el dinero para la casa, **tuvieron que** vender su piso de Barcelona, pero no les importó.

Empezaron a viajar cada fin de semana al Pirineo para conocer mejor la zona y visitar casas en venta.

B. Ahora, en parejas, fijaos en las formas destacadas: todas son perífrasis. ¿Entendéis su significado? Analizadlas y completad un cuadro como este.

Perífrasis = verbo conjugado + (preposición o conector) + verbo no conjugado (INFINITIVO, GERUNDIO O PARTICIPIO)

INFINITIVO DEL VERBO CONJUGADO	PREPOSICIÓN O CONECTOR	INFINITIVO, GERUNDIO O PARTICIPIO	SIGNIFICADO
Empezar	a	infinitivo (viajar)	

Consultorio

RELATAR EN PASADO

El pretérito indefinido

Sirve para referir acciones pasadas presentándolas como terminadas. Expresa que la acción empezó y acabó en un punto pasado. Podemos decir que el pretérito indefinido presenta los hechos «desde fuera», como algo terminado.

- **Compramos** nuestra primera fotocopiadora en 1977.

- Yo **viví** en América del Sur durante veintisiete años.

El pretérito imperfecto

Sirve para referir acciones o circunstancias pasadas presentándolas en su desarrollo. Podemos decir que el pretérito imperfecto presenta los hechos «desde dentro», como algo no terminado en el momento referido.

- Nuestro primer local **era** muy pequeño y **estaba** en la GranVía, no **tenía** buenas instalaciones pero **tenía** encanto.

El pretérito imperfecto suele usarse en la descripción de las circunstancias que rodean un acontecimiento, de las características pasadas de algo o para hablar de hechos habituales en el pasado.

- Antes, **salía** todos los fines de semana.

Combinar pretérito indefinido y pretérito imperfecto en un relato

En la mayoría de narraciones de hechos pasados, combinamos estos dos tiempos. El pretérito indefinido produce el efecto de «hacer avanzar el relato».

- **Inicié** mi carrera en 1983, cuando **empecé** como publicista en Salamanca. Dos años más tarde, **me trasladé** a Madrid y **me asocié** con Carlota Fuentes, juntas **creamos** Lota&Mota.

Con el pretérito imperfecto «detenemos el relato» y describimos las circunsatancias o hechos que rodean a los hechos presentados en indefinido.

Inicié mi carrera en 1983, cuando **empecé** como publicista en Salamanca, donde yo **vivía**. Dos años más tarde, **me trasladé** a Madrid, que en ese momento aún no **estaba** saturada de agencias de publicidad, y **me asocié** con Carlota Fuentes. Carlota **era** una de las mejores publicistas de la ciudad y juntas **creamos** Lota&Mota.

El pretérito perfecto

Usamos el pretérito perfecto para presentar acciones pasadas sin marcar ni especificar en qué momento del pasado se produjeron.

- **Hemos pasado** por varias crisis, pero la empresa **ha salido fortalecida** de ellas.

También usamos este tiempo para presentar acciones que se han desarrollado una o varias veces hasta el momento actual. Por eso suele acompañarse de marcadores temporales que lo indican: **hasta hoy, siempre, en los últimos años, en estos meses, desde que…** etc.

- **He pasado** muchas noches sin dormir, <u>desde que</u> tengo la empresa.

- <u>Siempre</u> **hemos trabajado** juntos: mi marido y yo formamos un gran equipo.

El pretérito perfecto se usa también cuando hablamos de experiencias ocurridas en momentos que relacionamos con el presente. En estos casos, suele aparecer con marcadores temporales que indican esta relación: **hoy, esta mañana, estos días, esta semana, este mes, este año…**

- <u>Este fin de semana</u> **he estado** en San Sebastián, y tenías razón: me **ha encantado**.

El pretérito pluscuamperfecto

	IMPERFECTO DEL VERBO **HABER**	+ PARTICIPIO
(yo)	había	
(tú)	habías	estado
(él/ella/usted)	había	
(nosotros/as)	habíamos	tenido
(vosotros/as)	habíais	
(ellos/ellas/ustedes)	habían	vivido

El pretérito pluscuamperfecto se usa para presentar una acción pasada señalando que es anterior a otra acción también pasada.

- <u>Abrimos</u> el hotel en 1999 con mucha ilusión, pero ninguno de nosotros **había trabajado** antes en hostelería.

El pretérito pluscuamperfecto puede ir acompañado de marcadores temporales que reflejan esa anterioridad: **antes, hasta entonces, nunca, ya,** etc.

- Cuando creé mi propia empresa, <u>ya</u> **había adquirido** mucha experiencia en el sector.

• Compramos una tienda pequeña en la calle París, <u>hasta entonces</u> **habíamos alquilado** los locales donde **habíamos estado.**

Podemos usar el pluscuamperfecto en frases negativas (con **nunca**, **hasta hoy**, etc.) para expresar que algo se ha producido por primera vez en ese momento.

• <u>Hasta ahora</u> no **había encontrado** a un profesional tan capaz, estoy muy contenta.

• <u>Nunca</u> **había tenido** tantas ganas de salir como este año.

FRASES DE RELATIVO CON SUBJUNTIVO

Las frases de relativo con indicativo se refieren a cosas o personas que el hablante conoce o que sabe que existen. Con subjuntivo, se refieren a cosas o personas que el hablante no conoce y que describe sin saber si realmente existen, o bien negando su existencia.

• Aquí hay <u>varias empresas</u> que **reciclan** vidrio y plástico pero yo quiero crear <u>una empresa</u> que **se dedique** en exclusiva a recoger y a reciclar botellas de vino.

• Este es <u>el tren</u> que **enlaza** Madrid con Barcelona, se llama AVE. ¿Hay <u>algún tren</u> de alta velocidad que **enlace** Barcelona con Bilbao?

• Aquí hay <u>varios hoteles</u> de 4 estrellas que **tienen** un área de *spa*, pero <u>no hay ninguno</u> de dos estrellas que **ofrezca** este servicio.

CONECTAR CON ESTRUCTURAS DE RELATIVO

Las formas relativas como **donde** o la forma relativa neutra **lo que**, a veces combinadas con preposiciones, se utilizan con mucha frecuencia para dar cohesión a los textos.

• Se instaló en <u>Burgos</u>, **donde** rápidamente se hizo conocida y consiguió clientes. [= allí]

• <u>Compraremos nueva maquinaria</u>, **lo que** supondrá una inversión importante. [= eso]

• <u>Abriremos el hotel en otoño</u>, **por lo que** podremos aprovechar la temporada de esquí. [= por eso]

• Queríamos <u>tener un equipo muy motivado</u>, **para lo que** contábamos con el apoyo de un psicólogo. [= para eso]

PERÍFRASIS VERBALES

Una perífrasis verbal es la unión de dos o más formas verbales que funcionan como una unidad. Están compuestas por un verbo conjugado, una preposición o conjunción, que puede aparecer o no, y el verbo, que aporta el significado fundamental y va en forma no personal.

Perífrasis de infinitivo

Ir a + INFINITIVO. Intención de hacer algo o idea de futuro inmediato.

• A partir de ahora, **voy a trabajar** por cuenta propia.

Empezar a + INFINITIVO. Comienzo de una acción.

• **Empecé a ejercer** de profesor en 2001.

Volver a + INFINITIVO. Repetición.

• **Volveremos a empezar** desde el principio.

Acabar de + INFINITIVO. Acción realizada recientemente.

• **Acabo de obtener** la licencia municipal de apertura de la empresa.

Tener que + INFINITIVO. Obligación o consejo.

• Para ser emprendedores, **tenemos que** tomar riesgos.

Deber + INFINITIVO. Obligación o consejo.

• **Debes concretar** tu idea de negocio a través de un plan de empresa.

Haber (en forma impersonal) + **que** + INFINITIVO. Obligación o consejo.

• **Hay que presentar** un plan financiero que sea realista.

Poder + INFINITIVO. Posibilidad.

• ¿**Podemos ir** esta tarde a firmar el contrato?

Perífrasis de gerundio

Estar + GERUNDIO. Acción en desarrollo.

• ¿Qué **estás haciendo**?

Llevar + GERUNDIO. Acción que perdura (necesita un cuantificador temporal).

• **Llevo trabajando** más de <u>diez horas</u> seguidas.

Seguir + GERUNDIO. Continuidad.

• ¿**Sigues teniendo** la idea de crear tu propia empresa?

Perífrasis de participio

Tener + PARTICIPIO. Realización de la acción, con énfasis en el resultado.

• Ya **tenemos revisadas** todas las cuentas.

Llevar + PARTICIPIO. Realización de la acción, con énfasis en el proceso (necesita un cuantificador).

• **Llevamos escritas** más de <u>veinte</u> páginas.

Comunicación

7. EL NACIMIENTO DE UNA ONG

CD 14

A. Escucha este programa de televisión dedicado a Hogares para la India, una ONG (organización no gubernamental) que opera en este país, y toma notas de las diferentes etapas de su historia.

1. Primer viaje a la India

Año 2000. Viaja a la India por turismo.

2. Visita a un orfanato

3. Vuelta a España

4. Fundación de la ONG

5. Desarrollo de la ONG

6. Balance de su recorrido

B. Ahora, con las notas que tienes, escribe un breve relato sobre la historia de esta ONG.

Jordi Serra era un viajero inquieto, pero hasta que fue a la India, nunca había pensado...

8. ¿CONOCES TU ENTORNO?

Léxico

A. Probablemente, en tu vida diaria, encuentras cosas (servicios, establecimientos, productos, etc.) que no son como te gustaría, o que se podrían mejorar. ¿Cuáles has detectado en tu entorno cercano? Escríbelo.

- ¿Qué servicios, establecimientos o productos o hacen falta en tu ciudad, barrio, universidad, empresa...
  ...que ofrezcan soluciones a cuestiones de ecología, limpieza, familia, salud, ocio...?

En mi barrio falta una buena biblioteca donde se puedan coger prestados libros en lenguas extranjeras, revistas internacionales y que tenga wi-fi.

B. Ahora pregunta a tus compañeros si se les ocurre una solución o si conocen una alternativa.

- ¿Conocéis alguna biblioteca buena donde se puedan coger prestados libros en lenguas extranjeras, revistas internacionales y que tenga wi-fi?
- Depende de la lengua extranjera, si quieres leer en español, puedes ir a...

Tarea

9. ¿UNA EMPRESA O UNA ONG?

A. ¿Has pensado alguna vez en crear una empresa? ¿Y una ONG? Haz una lista de necesidades que se podrían cubrir con una empresa o con una ONG de nueva creación; puedes incluir las ideas que os han surgido en la actividad anterior.

B. Ahora comenta tus lista con tus compañeros, que te pueden hacer preguntas. El profesor anotará todas las ideas en la pizarra.

- En mi universidad hace falta un buen servicio de idiomas que ofrezca clases buenas y baratas de lenguas extranjeras.
- ¿No hay servicio de lenguas?
- Sí, pero no funciona nada bien...
- ¿Y crees que se podría montar una empresa para ofrecer ese servicio?

C. ¿Qué ideas os parecen más interesantes y más viables? Formad pequeños grupos para crear una empresa o una ONG que ofrezca ese producto o servicio. Elaborad un plan de empresa o un proyecto de ONG. Para ello, podéis basaros en el siguiente esquema y en texto de la actividad 1.

PLAN DE EMPRESA

1. Descripción del proyecto empresarial/de la ONG
- Identificación de la oportunidad del negocio/de la necesidad social
- Antecedentes y desarrollo de la idea
- Descripción del producto o servicio

2. Estudio de mercado/del entorno social y análisis de viabilidad
- Situación actual del sector/del entorno
- Exploración de clientes/usuarios
- Estudio de la competencia

3. Plan de marketing
- Objetivos y estrategia comercial
- Distribución y promoción

4. Organización y gestión
- Nombre
- Localización, instalaciones e infraestructuras
- Recursos humanos

5. Plan económico – financiero
- Inversiones y financiación
- Previsión de ingresos y gastos

D. Cada grupo va a colgar su plan en las paredes de la clase o, si lo preferís, lo va a colgar en un *blog*. ¿Cuál es el el proyecto más innovador? ¿Y el que tiene mayores probabilidades de llevarse a cabo?

Cultura

10. ¡PRESENTE EN 91 PAÍSES!

A. El siguiente texto resume la historia de una empresa española del sector de la moda. ¿Cuáles son los mensajes que quiere transmitir este texto? Coméntalo con tus compañeros.

MANGO

PUNTOS DE REFERENCIA

Capital 100% español.

2.ª empresa exportadora del sector textil español.

Más de 1200 tiendas en 91 países.

~❧~

CULTURA DE EMPRESA

Las personas son lo más importante.

~❧~

OBJETIVO COMÚN:

«Estar presentes en todas las ciudades del mundo», conscientes de que nos encontramos compitiendo al más alto nivel, y sin perder los valores que se respiran en el ambiente MANGO/MNG:

HUMILDAD, ARMONÍA Y AFECTO, ACTITUD POSITIVA Y PREDICAR CON EL EJEMPLO.

Mejora continua como base de la gestión diaria:

Potenciando la formación permanente,

Creando un clima de aportación de ideas y

Haciendo autocrítica constante.

HISTORIA. MANGO/MNG abrió su primera tienda en 1984 en el Paseo de Gracia. Un año más tarde, ya cuenta con cinco puntos de venta en Barcelona y a partir de ahí se inicia su expansión por el territorio nacional, con la apertura de una tienda en Valencia.

Lo que en un principio era un pequeño equipo de colaboradores empieza a crecer y, en 1988, la empresa ya cuenta con 13 puntos de venta en España y se plantea necesaria una mejora en el sistema de gestión de stocks, así como en la logística y la distribución del producto. Es en este momento cuando se empieza a desarrollar un sistema de producción basado en la filosofía "just-in-time" y se definen los conceptos de producto, interiorismo de tienda, calidad, precio e imagen de marca. Este sólido planteamiento empresarial es el que ha propiciado el posicionamiento de MANGO/MNG como una marca líder del sector textil. En 1992, se inaugura la tienda MANGO/MNG número 99 en España y a partir de ahí se inicia la expansión internacional con la apertura de dos tiendas en Portugal. Dos años más tarde, se implanta con éxito el sistema de gestión empresarial que sigue vigente en la actualidad, basado en equipos de trabajo especializados y coordinados entre sí. La alta competitividad del mercado textil español y el esfuerzo de MANGO/MNG por conquistarlo han sido las claves que han contribuido a su éxito fuera de nuestras fronteras. (...) En la actualidad, MANGO/MNG cuenta con más de 8200 empleados, de los cuales más de 1800 trabajan en su sede de Palau-Solità i Plegamans (Barcelona). La sede central ocupa una

superficie de 164 000 m². Pero, más allá de las cifras, el mayor patrimonio de MANGO/MNG es su gente, un equipo joven y entusiasta, con una media de edad que se sitúa entorno a los 30 años y formado en su mayoría (un 80%) por mujeres. A pesar de su gran crecimiento, el espíritu original de empresa dinámica continúa vigente. Nadie que trabaje en MANGO/MNG, incluido su fundador, es llamado de usted y todo el mundo es accesible. La empresa basa su cultura en las relaciones humanas, en el trabajo en equipo, y en la formación continua. Es por ello que a menudo es calificada como una empresa humana, en la que se combinan un fuerte crecimiento internacional con un trato próximo y familiar.

Fuente: MANGO/MNG. *Dossier económico* [en línea, agosto 2009] http://www.company.MANGO/MNG.com/es/comunicacion/dossier_es.pdf

B. Responde a estas otras preguntas y comenta tus respuestas con tus compañeros.

- ¿Conoces esta marca de ropa española? ¿Está presente en tu país?
- ¿Cuáles han sido, según el texto, las claves de su éxito a nivel internacional?
- ¿Dónde vende más esta empresa, en España o en el exterior?
- ¿De lo que dice este texto, hay algo que te sorprenda?
- ¿Qué te parece la cultura de empresa de MANGO/MNG? ¿Crees que esa cultura de empresa es típica de España?

www C. Inspirándote en el modelo anterior y después de haber buscado informaciones en internet, escribe un texto sobre la trayectoria de alguna compañía española o latinoamericana que te interese o, si lo prefieres, de una compañía tu país.

11. TEST DEL EMPRENDEDOR

Este es un test desarrollado por el gobierno español para medir la capacidad emprendedora. Responde y suma los puntos obtenidos. Luego, lee el resultado. ¿Estás de acuerdo con todo lo que dice?

1 NO / EN ABSOLUTO   **2** ALGO / ALGUNA VEZ   **3** BASTANTE / A MENUDO   **4** SÍ / EN TOTAL ACUERDO

1. ¿Te consideras una persona adaptable a los cambios?
2. ¿Tienes confianza en tus posibilidades y capacidades?
3. ¿Es importante para ti disponer de autonomía en el trabajo?
4. ¿Tienes facilidad de comunicación?
5. ¿Te consideras creativo?
6. ¿Afrontas los problemas con optimismo?
7. ¿Tomas la iniciativa ante situaciones complejas nuevas?
8. ¿Tienes predisposición para asumir riesgos?
9. ¿Tomas notas escritas sobre tus proyectos?
10. ¿Arriesgarías recursos propios si pusieras en marcha un proyecto empresarial?
11. ¿Te resultaría fácil asignar tareas a los demás?
12. ¿Sabes trabajar en equipo?
13. ¿Sabes administrar tus recursos económicos?
14. ¿Tienes facilidad para negociar con éxito?
15. ¿Planificas de forma rigurosa acciones concretas para el desarrollo de un trabajo o un proyecto?
16. ¿Cumples los plazos que te fijas para realizar un trabajo?
17. ¿Sientes motivación por conseguir objetivos?
18. ¿Te consideras profesionalmente bueno/a en aquello que sabes hacer?
19. ¿Sacrificarías tu tiempo libre si el trabajo lo demanda?

RESULTADOS

MENOS DE 30 PUNTOS. Aunque en tu perfil hay alguno de los caracteres de un emprendedor, en la mayoría de aspectos o te asalta la duda o te sientes inseguro. Intenta analizar las razones de todo eso y procura adquirir hábitos emprendedores si realmente lo que quieres es llevar adelante tu propia empresa.

DE 30 A 59 PUNTOS. En principio reúnes bastantes de las características adecuadas para ser un buen emprendedor. No obstante hay ciertos puntos en los que distas un poco de serlo. Deberías analizar tus puntos débiles y marcarte una serie de acciones concretas para mejorarlos en un plazo determinado de tiempo.

60 O MÁS PUNTOS. Sin duda dispones de un gran potencial y tu perfil se asemeja bastante al de un emprendedor nato. Ello no quiere decir que ya tengas asegurado el éxito pero sin duda, a nivel personal, partes de una buena base. Continúa trabajando.

Fuente: 060.es. Test emprendedor [en línea, agosto 2009] http://documentos.060.es/060_empresas/Test_emprendedor.html

«Uno debe saber vivir con el dinero que tiene.»
JOSÉ DE SAN MARTÍN (1778 - 1850), militar y político argentino.

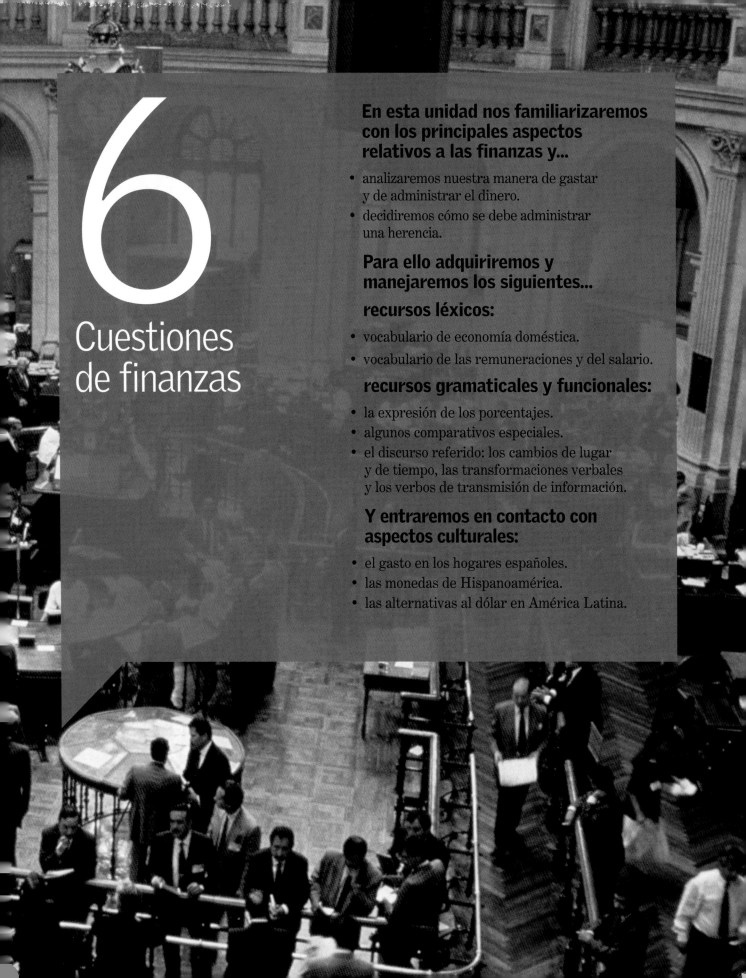

6
Cuestiones de finanzas

En esta unidad nos familiarizaremos con los principales aspectos relativos a las finanzas y...

- analizaremos nuestra manera de gastar y de administrar el dinero.
- decidiremos cómo se debe administrar una herencia.

Para ello adquiriremos y manejaremos los siguientes...

recursos léxicos:

- vocabulario de economía doméstica.
- vocabulario de las remuneraciones y del salario.

recursos gramaticales y funcionales:

- la expresión de los porcentajes.
- algunos comparativos especiales.
- el discurso referido: los cambios de lugar y de tiempo, las transformaciones verbales y los verbos de transmisión de información.

Y entraremos en contacto con aspectos culturales:

- el gasto en los hogares españoles.
- las monedas de Hispanoamérica.
- las alternativas al dólar en América Latina.

Acercamiento

1. ¿CÓMO MANEJAS TUS FINANZAS?

Lee estas preguntas y responde.

- ¿Dedicas tiempo a analizar tus finanzas personales?
- ¿Sabes exactamente en qué gastas tu dinero?
- ¿Has elaborado alguna vez un presupuesto personal para saber cuáles son tus ingresos y tus gastos?
- ¿Eres ahorrador? ¿Ya has puesto tu dinero a trabajar en algún plan de ahorro?
- ¿Tienes un seguro de vida?

2. ECONOMÍA... CASERA

A. El siguiente artículo comenta una conferencia sobre economía doméstica. Léelo y, luego, escucha cuatro fragmentos de esa conferencia. ¿Puedes señalar qué parte del texto se refiere a cada fragmento?

CÓMO SUPERAR LA CRISIS:
CONSEJOS ECOLÓGICOS

Una numerosa audiencia interesada en combatir la crisis en el día a día acudió a la conferencia de la especialista en economía y ahorro Cristina Iglesias en el centro cultural Álvaro Potes.

En estos tiempos de recesión en los que nos encontramos, en los que todos debemos apretarnos el cinturón y aplicar criterios de austeridad a nuestras economías domésticas, Iglesias dio una serie de consejos para ahorrar basados en potenciar la ecología en nuestros hogares, ya que esta, generalmente, va asociada a menores gastos.
Entre las propuestas de Iglesias, destaca la de aprovechar al máximo la luz natural. Recordó que hábitos como tener las persianas subidas o las cortinas abiertas mientras es de día nos ayudarán a disminuir el gasto energético en nuestro hogar. También recomendó el uso de bombillas de bajo consumo puesto que, aunque reconoció que son un poco más caras, a largo plazo resultan mucho más rentables, ya que su consumo es muy inferior.
Además, insistió en que es importante desconectar los aparatos eléctricos que no estén en uso, ya que, incluso en *stand-by*, consumen energía e incrementan nuestra factura.
El transporte fue otro de los temas tratados. Iglesias se felicitó por el aumento del uso de la bicicleta en nuestra ciudad y recordó que este era el transporte más barato y el más ecológico. Además, respecto al uso del coche, dio un par de consejos muy interesantes: señaló que el cambio periódico del filtro de aire y la adecuada presión de los neumáticos podían ahorrar hasta un 30% del consumo de gasolina.
Otro capítulo abordado fue el del agua. La conferenciante comentó que el agua y la calefacción suponían la mayor parte de la energía consumida en un hogar y que mantener la temperatura de la casa a más de 20° podía llegar a ser, además de innecesario,

perjudicial para la salud. Revisar los aislamientos de la vivienda y asegurarse de que las ventanas y las puertas estén herméticamente cerradas es otra buena idea para ahorrar.
Dio, además, algunos consejos para ahorrar energía en la cocina, como cocinar a bajas temperaturas los alimentos una vez hervidos, apagar los fuegos y el horno unos minutos antes de finalizar para aprovechar la temperatura residual o dejar los alimentos descongelando en lugar de utilizar el microondas.
Una serie de ideas y consejos sencillos y fáciles para gastar menos y vivir mejor.

B. Comenta con tus compañeros qué te parecen los consejos que dio la conferenciante. ¿Ya los practicas?

3. LOS HOGARES ESPAÑOLES

A. En un estudio sobre el consumo en los hogares españoles se detalla en qué gastaron el dinero las familias españolas en 2007. Fijaos en este cuadro y, entre todos, aclarad los conceptos que aparecen en él.

Gasto medio por hogar y distribución porcentual por grupos (año 2007)

Gasto medio por hogar (€) | Distribución del gasto (%) | Variación anual (%)

8201,06 / 25,63 / 8,165 — Vivienda, agua, electricidad y combustibles	3255,03 / 10,17 / 7,52 — Hoteles, cafés y restaurantes	1812,73 / 5,66 / 0,01 — Mobiliario, equipamiento y otros gastos de la vivienda	601,19 / 1,88 / 6,81 — Bebidas alcohólicas y tabaco
4593,86 / 14,36 / 2,008 — Transportes	2247,28 / 7,02 / 6,16 — Ocio, espectáculos y cultura	952,15 / 2,98 / 5,55 — Salud	290,07 / 0,91 / 4,47 — Enseñanza
4543,09 / 14,20 / 3,41 — Alimentos y bebidas no alcohólicas	2106,59 / 6,58 / 0,77 — Artículos de vestir y calzado	932,78 / 2,91 / 7,62 — Comunicaciones	2464,91 / 7,70 / 1,61 — Otros bienes y servicios

Fuente: INE (Instituto Nacional de Estadística). *Encuesta continua de presupuestos familiares.* 2007

● ¿Qué es eso de la «distribución del gasto»?
○ Mmm..., pues es la parte del total, el porcentaje dedicado a un grupo de gasto, ¿no?

B. En ese mismo estudio, se publicaron las siguientes conclusiones. ¿Cuáles de ellas se pueden extraer de la tabla anterior? ¿Cuáles se refieren a otros conceptos?

1. El gasto medio no disminuyó en ningún grupo respecto al año anterior.

2. Los hogares españoles destinaron el 25,6% de su presupuesto a cuestiones relacionadas con la vivienda, por lo que el gasto en este concepto continuó siendo el mayor de todos; el 14,4% del presupuestó se destinó al transporte y el 14,2% a alimentos y bebidas no alcohólicas consumidos en el hogar.

3. Por grupos, los que experimentaron mayores incrementos fueron los relativos a Vivienda, con un aumento del 8,2%, a Comunicaciones (7,6%) y a Hoteles, cafés y restaurantes (7,5%).

4. Las comunidades autónomas con mayores gastos por persona fueron la Comunidad de Madrid (13 467 euros), la Comunidad de Navarra (13 341 euros) y el País Vasco (13 325 euros). Por el contrario, Extremadura (9 210 euros) y Castilla-La Mancha (9976 euros) tuvieron los menores gastos por persona.

5. Cada hogar dedicó, de media, 32 000 euros a gastos de consumo en el año 2007, lo que supone un 4,7% más que el año anterior. Eliminando el efecto de la inflación, esta tasa es del 1,7%.

6. El gasto medio en Artículos de vestir y calzado creció muy ligeramente; y el gasto en Mobiliario y equipamiento se mantuvo casi constante –lo que significa que, descontada la inflación, fue menor que el año pasado.

7. Respecto al tamaño del municipio en el que viven, las diferencias entre españoles son muy significativas. El gasto por persona en los municipios con mayor número de habitantes (100 000 ó más) fue un 6,7% superior a la media nacional. Por el contrario, en los municipios más pequeños (con menos de 10 000 habitantes) dicho gasto se situó un 8,9% por debajo de dicha media.

8. El gasto medio por persona en España ascendió a 11 673 euros anuales.

Fuente: INE (Instituto Nacional de Estadística). *Encuesta continua de presupuestos familiares.* 2007

C. En la tabla, los gastos están ordenados de mayor a menor. ¿En tu caso particular o el de tu familia, crees que el orden sería el mismo? ¿Sería muy diferente?

● Yo, en lo que más gasto es en vivienda, y después...

Observación

4. EL 12% DE LA POBLACIÓN

A. Lee el siguiente fragmento extraído de un estudio sobre la inmigración en España. ¿Te sorprende algún dato?

> En 2008, la proporción de ciudadanos extranjeros sobre el total de la población residente en España se situó en el 12,0%. Las comunidades con mayor proporción de extranjeros son las Islas Baleares, con un 21,7%, la Comunidad Valenciana, con un 17,4% y la Comunidad de Madrid (16,4%). Por el contrario, las que tienen menor proporción de extranjeros son Extremadura, con un 3,3%, Galicia (3,8%) y el Principado de Asturias (4,3%).

Fuente: INE (Instituto Nacional de Estadística). *Encuesta Nacional de Inmigrantes 2007: una monografía*

B. Observa la expresión de los porcentajes en estas frases. ¿Qué palabras se colocan siempre antes de la cifra? ¿Es igual en tu lengua?

C. Escoge uno de los grupos de gasto de la actividad 3.A y explica los datos que ves a tus compañeros.

● En comunicaciones, los hogares españoles gastaron una media de...

5. A MAYOR EXPERIENCIA, MAYOR SUELDO

A. Las siguientes frases reflejan algunas cuestiones relacionadas con los salarios en España. ¿Qué conclusiones sacas de ellas?

- El salario medio anual de las mujeres es un 29% **inferior a**l de los hombres.
- En España la edad media de salida del mercado laboral es 61,4 años, ligeramente **superior a** la media de la Unión Europea (61 años).
- El porcentaje de mujeres que ganan hasta 10 000 euros al año (29%) es **mayor que** el número de varones con el mismo nivel salarial (8%).
- En todas las ocupaciones y sectores, los salarios de las mujeres son **menores que** los de los hombres.
- El 10% de los asalariados con **mayor** remuneración acumula más del 26% de la masa salarial, mientras que el 20% de trabajadores con **menor** salario tan sólo dispone del 8% de la misma.
- La intermediación financiera es también la actividad económica **mejor** remunerada en la mayor parte de los países de la UE.
- En España, la hostelería es la actividad **peor** pagada, con 13 174,63 euros anuales, un 33,5% **inferior a** la media.
- Los **mejores** sueldos se cobran en Madrid y en el País Vasco; los **peores**, en Extremadura.

B. Fíjate en las palabras marcadas en negrita, se usan par hacer comparaciones. ¿Cómo las traducirías a tu lengua?

ESTRATEGIA
Cuando aprendemos una lengua nueva, traducir palabras y expresiones a nuestro idioma o a otro que conocemos bien es una estrategia natural. Pero debes observar cuidadosamente el contexto de esas palabras y expresiones: una traducción que «funciona» correctamente en un cierto contexto puede no hacerlo en otro.

6. GOBIERNO, PRENSA Y OPOSICIÓN

A. Las cosas se ven de manera diferente desde el gobierno y desde la oposición. Aquí tenéis una serie de declaraciones. Una de las columnas corresponde a las declaraciones de personas del gobierno; otra, a la manera en que los informativos de aquel día las recogieron y otra, a cómo lo recordó un tiempo después la oposición. ¿Cuál es cuál?

1 El gobierno declaró...   **2** La prensa de aquel día dijo...   **3** La oposición recordó tiempo después...

A

Hace un mes, el portavoz del gobierno <u>aseguró</u> que el sistema financiero del país no **estaba** en crisis y que los problemas de los otros países **no afectarían** al nuestro.

El gobierno nos <u>dijo</u> hace dos meses **que había reaccionado** a tiempo y que, pocas semanas después **se podrían** ver los resultados de su plan de choque. ¿Dónde están esos resultados?

El portavoz del gobierno <u>reconoció</u> hace seis meses que era posible **que** la crisis **durara** algunos meses más pero que lo peor ya **había pasado.**

Aquel lejano día el señor ministro de economía <u>afirmó</u> que, un año atrás, todo el mundo **miraba** a nuestro país con admiración y <u>pidió</u> a los empresarios que **siguieran** confiando.

B

El sistema financiero del país no **está** en crisis; los problemas que están sufriendo otros países **no afectarán** al nuestro.

Hemos reaccionado a tiempo. Dentro de pocas semanas **podremos** ver los resultados de nuestro plan de choque.

Es posible que la crisis **dure** algunos meses más, pero lo peor ya **pasó.**

Hace un año, todo el mundo nos **miraba** con admiración. Yo les digo: **sigan** confiando en el país.

C

El portavoz del gobierno **ha dicho** esta mañana **que** el sistema financiero del país no **está** en crisis y que los problemas que están sufriendo otros países **no afectarán** al nuestro.

El portavoz del gobierno **ha** <u>afirmado</u> esta tarde **que** el gobierno **ha reaccionado** a tiempo y que, dentro de pocas semanas, **se podrán** ver los resultados de su plan de choque.

El portavoz del gobierno **ha** <u>reconocido</u> hoy que es posible **que** la crisis **dure** algunos meses más, pero que lo peor ya **pasó.**

Esta mañana el ministro de economía **ha** <u>recordado</u> que, hace un año, todo el mundo **miraba** a nuestro país con admiración y **ha pedido** a los empresarios que **sigan** confiando.

B. Observa ahora las transformaciones de los diferentes tiempos verbales cuando lo que ha dicho alguien se transmite pasado un tiempo. Completa la tabla con los ejemplos anteriores.

ESTILO DIRECTO (DECLARACIONES)		ESTILO INDIRECTO CON CAMBIO DE TIEMPOS	
presente de indicativo	*está* →	pretérito imperfecto de indicativo	*estaba*
pretérito imperfecto de indicativo	→		
pretérito perfecto de indicativo	→		
pretérito indefinido de indicativo	→		
futuro	→		
presente de subjuntivo	→		
imperativo	→		

C. Ahora recopila todos los verbos de transmisión de información que aparecen subrayados en las columnas A y C. Añade también los verbos que tienen esta finalidad en el texto de la actividad 2.

asegurar,

Consultorio

PORCENTAJES

En español los porcentajes se expresan precedidos del artículo determinado **el** o del indeterminado **un**.

- **El 50%** (cincuenta por ciento) de aumento.

Cuando el sustantivo que sigue al porcentaje es singular, concuerda con otros elementos de la frase en singular. Cuando ese sustantivo es plural, puede concordar con otros elementos de la frase en singular o en plural.

- **Un 50%** del **personal** se dedica a tareas de gestión.

- Solo **el 13%** de los **ejecutivos** tiene/tienen un plan de pensiones.

ALGUNOS COMPARATIVOS ESPECIALES

En español existen algunos comparativos especiales.

mayor (que) [adjetivo] = más grande (que)
- Las diferencias salariales entre hombres y mujeres son **mayores que** las diferencias entre regiones.

menor (que) [adjetivo] = más pequeño (que)
- Los **menores** sueldos se encuentran en el sector de la hostelería.

superior* (a) [adjetivo] = más alto (que)
- Los resultados fueron **superiores a** lo esperado.

inferior* (a) [adjetivo] = más bajo (que)
- Pedimos una *suite* de lujo, pero nos dieron una habitación de categoría **inferior.**

✳ Estos dos adjetivos solo se pueden usar para hablar de elevación, de grado y de categoría; pero no para hablar de estatura.

mejor (que) [adjetivo] = más bueno (que)*.
- Aceptamos su oferta porque era la **mejor**.

peor (que) [adjetivo] = más malo (que)*.
- Estos dos últimos han sido los **peores** años de nuestra empresa desde que abrimos.

mejor (que) y **peor (que)** [adverbios] = ~~más bien (que)~~ y ~~más mal (que)~~*.
- Arturo Solano dirigió **mejor que** nadie esta empresa; desde su salida estamos **peor** posicionados en el mercado.

✳ Las formas **más bueno (que)** y **más malo (que)** son incorrectas para hablar de calidad; las formas **más bien** y **más mal** son siempre incorrectas.

EL DISCURSO REFERIDO

Cuando transmitimos las palabras de otros, usamos diferentes estilos y recursos, casi siempre combinándolos.

El estilo directo consiste en reproducir textualmente, sin modificación, las palabras del otro, introducidas por verbos como **decir, preguntar, responder**, etc.

- Ernesto **dijo**: «Esta página web de mi amigo es muy interesante» y Aurora le **respondió**: «Pues a mí no me gusta nada, no me parece práctica».

En estilo indirecto, ya no «adoptamos» la voz del otro sino que hacemos una serie de modificaciones para transmitir las palabras de alguien desde nuestra perspectiva personal, temporal, espacial, etc. Para ellos usamos verbos como **decir, preguntar, responder**, etc. seguidos de las partículas **que** o **si**.

- Ernesto **dijo que** aquella página web de su amigo era muy interesante y Aurora le **respondió que** a ella no le gustaba nada, que no le parecía interesante.

Todas estas modificaciones dependen de nuestro punto de vista y del momento y del lugar en que nos encontramos. Por ejemplo, respecto al lugar...

Elisa: «En **este** restaurante se come muy bien.»

- Elisa dijo que en **este** restaurante se come muy bien. [Estamos en el restaurante.]

- Elisa dijo que en **ese** restaurante se come muy bien. [Estamos delante del restaurante.]

O respecto a la persona...

Aitor: «Vosotros **tenéis** un restaurante, ¿verdad?»

- Aitor preguntó si **teníamos** un restaurante. [Formo parte de «vosotros».]

- Aitor preguntó si **ellos tenían** un restaurante. [No formo parte de «vosotros».]

Los cambios que afectan a los tiempos verbales dependen también de nuestro punto de vista. El cuadro de la página siguiente corresponde al caso en que los tiempos verbales que se usaran originalmente ya no son vigentes.

- Este vino **está** demasiado frío. → Dijo que el vino **estaba** demasiado frío. [Ya no podemos decir que el vino **está** frío.]

Dile que la pasaré a buscar a las nueve.

Dijo que te pasaría a buscar a las nueve.

Estilo indirecto con cambio de tiempos

PRESENTE DE INDICATIVO → **PRETÉRITO IMPERFECTO**
«**Tengo** que estudiar para el examen.»
- Esteban dijo que **tenía** que estudiar para el examen.

FUTURO → **CONDICIONAL SIMPLE**
«**Firmaremos** el contrato en breve.»
- El gerente anunció que **firmarían** el contrato en breve.

PRETÉRITO INDEFINIDO → **PRETÉRITO PLUSCUAMPERFECTO**
«El contable no me **mostró** todas las facturas.»
- El inspector declaró que el contable no le **había mostrado** todas las facturas.

PRETÉRITO PERFECTO → **PRETÉRITO PLUSCUAMPERFECTO**
«**He asistido** a una reunión muy importante.»
- El joven comentó que **había asistido** a una reunión muy importante.

PRETÉRITO IMPERFECTO → **PRETÉRITO IMPERFECTO**
«Ayer yo no **estaba** en España.»
- La sospechosa afirmó que el día antes ella no **estaba** en España.

PRETÉRITO PLUSCUAMPERFECTO → **PRETÉRITO PLUSCUAMPERFECTO**
«Antes de la reunión **habíamos discutido** el asunto.»
- El cliente reconoció que antes de la reunión habían **discutido** el asunto.

CONDICIONAL → **CONDICIONAL**
«Yo no **debería** estar aquí.»
- Marcelo confesó que él no **debería** estar allí.

IMPERATIVO → **PRETÉRITO IMPERFECTO DE SUBJUNTIVO**
«¡**Apague** ese ordenador!»
- Su jefe le ordenó que **apagara** el ordenador.

PRESENTE DE SUBJUNTIVO → **PRETÉRITO IMPERFECTO DE SUBJUNTIVO**
«Es mejor que **nos reunamos**.»
- El señor Pereira señaló que era mejor que **se reunieran**.

En muchos casos, es el hablante el que decide si realiza la transformación de los tiempos verbales o no.

- «Esta mañana **ha venido** Paco a verte.» → Marc me ha comentado que esta mañana que Paco **ha venido/ había venido** a verme.

Los verbos de transmisión de información

Para transmitir las palabras de otros, existe una serie de verbos neutros de uso muy frecuente.

decir que
responder que

preguntar si
preguntar qué/dónde...

- **Me ha dicho que** estaba enfermo y me ha **preguntado si** podía ir al médico con él. Le **he respondido que** sí.

Otros verbos introducen algunos matices ya que, en cierta manera, interpretan la intención del hablante.

recordar que	afirmar que	anunciar que
declarar que	destacar que	asegurar que
reconocer que	comentar que	señalar que
apuntar que	prometer que	replicar que
confesar que	reiterar que	repetir que
negar que*		

✳ El verbo **negar** obliga al uso del subjuntivo en la frase que lo sigue.

- Juan Ariza **recordó que** su estudio había ganado varios premios de arquitectura y **prometió que** haría un esfuerzo especial para crear un proyecto de calidad. **Negó**, además, **que** el ayuntamiento lo **estuviera** presionando.

Otros verbos expresan una voluntad de influir en las acciones de los demás y van acompañados de frases en subjuntivo.

pedir que
sugerir que

recomendar que
aconsejar que

- El señor Pagán nos **ha pedido que** lo llevemos a su casa y nos **ha aconsejado que** nos presentemos al concurso, dice que tenemos opciones de ganar.

Muchos verbos de transmisión de información pueden usarse seguidos de sustantivos para resumir la información.

- «Os lo vuelvo a decir: **tenéis que** invertir en tecnología.» → La señora Areilza nos **recordó la necesidad** de invertir en tecnología.

- «Tal vez usted **debería** contratar un veterinario especializado.» → Miriam le **sugirió la contratación** de un veterinario especializado.

Comunicación

7. MIS GASTOS

¿Qué parte de tu presupuesto dedicas a cada uno de los siguientes apartados? Coméntalo con algunos compañeros.

alimentación · estudios · teléfono · salud · ocio fuera de casa

gas, agua y electricidad · coche y transporte · internet, TV de pago · alquiler / hipoteca · otros

● Yo gasto mucho en alquiler, creo que el 30% de mi presupuesto, más o menos. Quería vivir en un sitio céntrico y no tener coche.

○ Yo, en cambio, gasto mucho en ocio. Prefiero dedicar mi dinero a salir con mis amigos, a ir de copas...

8. PERFILES

A. En parejas, haced una lluvia de ideas diciendo de qué maneras se pueden hacer las siguientes cosas relacionadas con el dinero.

El dinero se puede...

• invertir   • gastar   • ganar   • perder   • conservar   • ahorrar   • apostar   • derrochar

● Pues se puede invertir dinero en la bolsa, comprando bienes inmuebles...

B. Vas a escuchar a tres personas que hablan de cómo gestionan su dinero. Toma notas de lo que dicen y marca en la tabla con qué adjetivos describirías a cada una. ¿Cómo te describirías tú?

Es una persona...	1. Luis	2. Clara	3. Eva
derrochadora			
conservadora			
ambiciosa			
vividora			
ahorradora			
agresiva			

● Yo creo que sería derrochador. Soy incapaz de ahorrar y si tuviera mucho dinero...

9. LA HERENCIA

A. El Sr. Páez acaba de morir: ha dejado una herencia de diez millones de euros y una maravillosa casa en el campo. No tenía familia directa pero, antes de morir, hizo promesas a varias personas sobre su herencia. Leed lo que dijo el Sr. Páez en cada caso. Luego, en grupos, escoged una de esas conversaciones y escribid cómo estas palabras se transmitieron por escrito más tarde. Compartid vuestros textos con la clase.

JUNIO DE 2009. Lorenzo Fiz, presidente de la Asociación protectora de animales.

EL CORREO DE LA ASOCIACIÓN

Mi perra Lulú es como una hija para mí y, si algún día yo no estoy aquí, quiero que no le falte de nada. Creo que le dejaré a su asociación una buena parte de mi herencia para que ustedes cuiden de mi Lulú y de otros animales como ella.

JULIO DE 2009. Miguel Herrera, sobrino-nieto del Sr. Páez.

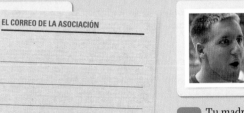

De: Miguerre
Para: Anita Alonso

Hola Ana, ¡tengo una noticia maravillosa! Ayer estuve en casa de mi tío-abuelo...

Tu madre era mi sobrina preferida y, antes de morir, me pidió que te cuidara. Yo siempre he cumplido mi promesa y durante estos años he cuidado de ti. No te preocupes por el futuro, te dejaré una parte de mi herencia para que, al menos, puedas acabar tu carrera de Medicina y puedas hacer la especialidad donde quieras.

SEPTIEMBRE DE 2009. Mª Trinidad Egea, enfermera del Sr. Páez.

De: Trini Egea
Para: Mario<Mario Ruiz>

Hola Mario.
¡Creo que mi vida va a cambiar!...

Maritrini, tú estás siendo la alegría de estos años de mi vida. Antes de que empezaras a cuidarme, estaba triste, aburrido y no tenía ganas de vivir. Te prometo que te dejaré una buena parte de mi herencia como agradecimiento.

AGOSTO DE 2009. Aurelio Laín, alcalde de San Ginés de Miravete.

LA VOZ DE SAN GINÉS

UN GRAN PROYECTO PARA NUESTRO PUEBLO

Este es mi pueblo: nací aquí y aquí empecé mis negocios. Aquí he vivido los momentos más felices de mi vida. Cuando yo muera, quiero que esta casa sea para el pueblo de San Ginés, para que se pueda hacer un museo de historia o un centro de interpretación regional para turistas.

OCTUBRE DE 2009. Violeta Martín Matas, ministra de educación.

Señora ministra: yo, de joven, no pude estudiar. En mi región no había universidad ni buenos colegios. Por eso quiero crear una fundación para la creación de una universidad en el Valle de Miravete. Cuando muera, mi capital irá íntegramente a esa fundación.

EL PLANETA · EDUCACIÓN

La futura Fundación Páez creará un centro universitario en el Valle de Miravete.

B. En grupos, pensad en cómo se debería repartir la herencia del Sr. Páez: tened en cuenta la importancia que, según vosotros, tienen los diferentes proyectos y asuntos, pero también las promesas que hizo y a quién. Presentad vuestras conclusiones a la clase.

Cultura

10. MONEDAS DE HISPANOAMÉRICA

A. Lee este texto e infórmate sobre las monedas que circulan en los países de habla hispana. ¿Qué nombres te llaman más la atención?

> **Peso** ($) es el nombre de la moneda de curso legal en siete países de América (Argentina, Chile, Colombia, Cuba, México, República Dominicana y Uruguay). Se trata, en cada caso, de una moneda diferente, como ocurre con el dólar estadounidense y el canadiense. Su origen se remonta a la reforma monetaria española de 1497. Después de la independencia de la América española, el peso se mantuvo como la moneda básica en todas las nuevas repúblicas. Con el tiempo, algunos países cambiaron el nombre de sus monedas: **boliviano** en Bolivia, **bolívar** en Venezuela, **colón** en El Salvador y Costa Rica, **córdoba** en Nicaragua, **lempira** en Honduras, **quetzal** en Guatemala, **guaraní** en Paraguay y **sucre** en Ecuador. ◼

B. Estos son los billetes de algunos países hispanoamericanos. Fíjate en los personajes que aparecen en ellos. ¿Conocías a alguno de estos personajes? ¿Te sorprende que alguno aparezca en un billete? ¿En los billetes o monedas de tu país, hay personajes del mismo tipo?

PAÍS	DENOMINACIÓN	MUESTRA	RETRATO
México	peso mexicano		**Emiliano Zapata** Caudillo y uno de los líderes militares más importantes durante la Revolución Mexicana, iniciada en 1910.
Nicaragua	córdoba		**Rubén Darío** Poeta nicaragüense nacido en 1867. Conocido como «el príncipe de las letras castellanas», fue muy influente en la poesía hispánica del siglo XX.
Chile	peso chileno		**Gabriela Mistral** Destacada poetisa, diplomática y pedagoga chilena. Premio Nobel de Literatura en 1945, fue la primera mujer latinoamericana en obtener ese galardón.
Colombia	peso colombiano		**Julio Garavito Armero** Matemático, ingeniero y famoso astrónomo colombiano nacido en 1865.
Perú	sol		**Santa Rosa de Lima** Santa peruana. Primera santa de América, canonizada por el papa Clemente X en 1671.
Venezuela	bolívar		**Negro Primero (Pedro Camejo)** Militar venezolano que luchó junto al ejército patriota durante la guerra de independencia de Venezuela (1810 - 1823).

Argentina	peso argentino		**General José de San Martín** Militar argentino cuyas campañas fueron decisivas para la independencia de Argentina, Chile y Perú durante el primer cuarto del siglo XIX.
Guatemala	quetzal		**Tecún Umán** Guerrero y último mandatario de los maya quiché en Guatemala, vencido por el conquistador Pedro Alvarado en 1524.
Honduras	lempira		**Lempira** Capitán de guerra del pueblo de los lencas, que luchó contra los españoles durante la década de 1530 y murió a manos de los invasores en 1537.

 C. Elige algunos de estos billetes y calcula su cambio a la moneda de tu país.

D. Lee la siguiente noticia sobre la propuesta de un mandatario hispanoamericano. ¿Qué te parece? ¿Piensas que en el futuro puede suceder algo así?

DIARIODIGITAL

Moneda única para América Latina

CARACAS (Xinhua). - La creación de una moneda única para los países de América Latina, propuso este sábado el presidente de Venezuela, Hugo Chávez Frías. (...)

Chávez hizo la propuesta al presentar su mensaje anual al país en la Asamblea Nacional, el poder legislativo del país, donde destacó que la nueva moneda latinoamericana, copiando el ejemplo de Europa, puede ser fácilmente apuntalada por las propias riquezas del hemisferio.

Tras fustigar la "indisciplina fiscal" de Estados Unidos y cuestionar a los organismos multilaterales que prestan dinero a los países pobres latinoamericanos bajo los lineamientos norteamericanos, Chávez advirtió la inconveniencia de tener reservas en la moneda norteamericana. (...)

Chávez resaltó la fortaleza económica de su gestión y pronosticó que el Producto Interno Bruto (PIB) de Venezuela alcanzará los 200 mil millones de dólares. "Venezuela va a ser una pequeña potencia mundial", subrayó.

Hugo Chávez tomó la posesión el 10 de enero para un nuevo mandato de 6 años, después de reelegirse en las elecciones del 3 de diciembre de 2006 con una amplia ventaja. Chávez es uno de los más fuertes críticos de la política exterior de Estados Unidos.

Fuente: DiarioDigitalRD.com. *Moneda única para América Latina* [en línea, agosto 2009] http://www.diariodigital.com.do

«Todo lo que realmente nos pertenece es el tiempo; incluso el que no tiene nada más, lo posee.»

BALTASAR GRACIÁN (1601-1658), escritor español.

7

El tiempo es oro

En esta unidad nos familiarizaremos con el tema de la administración del tiempo personal y laboral y...

- reflexionaremos sobre nuestro empleo del tiempo.
- analizaremos los casos de algunas personas con problemas de organización.
- trazaremos un plan para nuestro futuro profesional y personal.

Para ello adquiriremos y manejaremos los siguientes... recursos léxicos:

- vocabulario para describir las tareas y actividades de una jornada laboral.

recursos gramaticales y funcionales:

- las frases temporales referidas al pasado, al presente y al futuro.
- la concordancia temporal en frases subordinadas: frases relativas, de expresión de opinión, de expresión de gusto o sentimiento, frases subordinadas con preposición, etc.
- algunos verbos pronominales: usos y significado.

Y entraremos en contacto con aspectos culturales relacionados con...

- el uso del tiempo en la vida diaria de los españoles y los nuevos negocios que «venden tiempo».

Acercamiento

1. LADRONES DE TIEMPO

A. Esta es la primera parte de un artículo sobre la gestión del tiempo. Léelo e intenta prever cuáles son las claves para ayudarnos a planificar nuestro tiempo que se dan en la segunda parte.

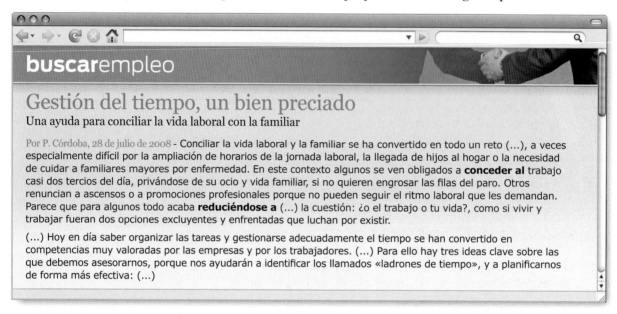

buscarempleo

Gestión del tiempo, un bien preciado
Una ayuda para conciliar la vida laboral con la familiar

Por P. Córdoba, 28 de julio de 2008 - Conciliar la vida laboral y la familiar se ha convertido en todo un reto (...), a veces especialmente difícil por la ampliación de horarios de la jornada laboral, la llegada de hijos al hogar o la necesidad de cuidar a familiares mayores por enfermedad. En este contexto algunos se ven obligados a **conceder al** trabajo casi dos tercios del día, privándose de su ocio y vida familiar, si no quieren engrosar las filas del paro. Otros renuncian a ascensos o a promociones profesionales porque no pueden seguir el ritmo laboral que les demandan. Parece que para algunos todo acaba **reduciéndose a** (...) la cuestión: ¿o el trabajo o tu vida?, como si vivir y trabajar fueran dos opciones excluyentes y enfrentadas que luchan por existir.

(...) Hoy en día saber organizar las tareas y gestionarse adecuadamente el tiempo se han convertido en competencias muy valoradas por las empresas y por los trabajadores. (...) Para ello hay tres ideas clave sobre las que debemos asesorarnos, porque nos ayudarán a identificar los llamados «ladrones de tiempo», y a planificarnos de forma más efectiva: (...)

B. Lee ahora la continuación del texto y comprueba si tus hipótesis eran ciertas. Luego, resume las ideas principales que expresa el autor usando un cuadro como el de la página siguiente.

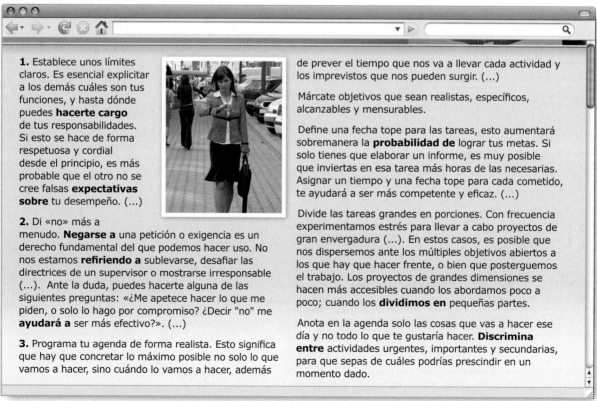

1. Establece unos límites claros. Es esencial explicitar a los demás cuáles son tus funciones, y hasta dónde puedes **hacerte cargo** de tus responsabilidades. Si esto se hace de forma respetuosa y cordial desde el principio, es más probable que el otro no se cree falsas **expectativas sobre** tu desempeño. (...)

2. Di «no» más a menudo. **Negarse a** una petición o exigencia es un derecho fundamental del que podemos hacer uso. No nos estamos **refiriendo a** sublevarse, desafiar las directrices de un supervisor o mostrarse irresponsable (...). Ante la duda, puedes hacerte alguna de las siguientes preguntas: «¿Me apetece hacer lo que me piden, o solo lo hago por compromiso? ¿Decir "no" me **ayudará a** ser más efectivo?». (...)

3. Programa tu agenda de forma realista. Esto significa que hay que concretar lo máximo posible no solo lo que vamos a hacer, sino cuándo lo vamos a hacer, además de prever el tiempo que nos va a llevar cada actividad y los imprevistos que nos pueden surgir. (...)

Márcate objetivos que sean realistas, específicos, alcanzables y mensurables.

Define una fecha tope para las tareas, esto aumentará sobremanera la **probabilidad de** lograr tus metas. Si solo tienes que elaborar un informe, es muy posible que inviertas en esa tarea más horas de las necesarias. Asignar un tiempo y una fecha tope para cada cometido, te ayudará a ser más competente y eficaz. (...)

Divide las tareas grandes en porciones. Con frecuencia experimentamos estrés para llevar a cabo proyectos de gran envergadura (...). En estos casos, es posible que nos dispersemos ante los múltiples objetivos abiertos a los que hay que hacer frente, o bien que posterguemos el trabajo. Los proyectos de grandes dimensiones se hacen más accesibles cuando los abordamos poco a poco; cuando los **dividimos en** pequeñas partes.

Anota en la agenda solo las cosas que vas a hacer ese día y no todo lo que te gustaría hacer. **Discrimina entre** actividades urgentes, importantes y secundarias, para que sepas de cuáles podrías prescindir en un momento dado.

Fuente: Buscar empleo. *Gestión del tiempo, un bien preciado.* [En línea, junio 2009] <http://www.buscarempleo.es/general/gestion-del-tiempo-un-bien-preciado.html>

¿Qué hay que hacer para administrar mejor el tiempo?	¿Qué no hay que hacer?
Tener claras las propias funciones en la empresa.	

 C. Observad las expresiones de los textos anteriores marcadas en negrita. ¿Sabes qué quieren decir? En parejas, intentad explicar el significado de las frases donde aparecen sin recurrir a vuestra lengua.

> **ESTRATEGIA**
> Cuando no entendemos una palabra o una expresión o cuando queremos explicar a alguien su significado, podemos pedir que nos la expliquen o explicarla nosotros con otras palabras. Esa es una buena estrategia para mejorar nuestra capacidad de comunicarnos en otro idioma.

- «Conceder al trabajo dos tercios del día» significa dedicar al trabajo dos tercios del día.
- Vale, es lo mismo que...

2. UN TEST PARA ORGANIZARSE MEJOR

A. En la empresa de Javier y Laura están haciendo un cursillo para mejorar el empleo del tiempo de los directivos. El siguiente test es parte de ese curso. ¿Qué te parecen las preguntas? ¿Crees que sirven para detectar si alguien administra bien su tiempo?

Nombre y apellido: *Javier del Pino*

La clave para una buena gestión del tiempo es saber administrarlo. Averigua si tú lo haces correctamente leyendo las siguientes afirmaciones y marcando la opción más próxima a tus hábitos.

OPCIONES: **1 Nunca o casi nunca**   **2 A veces**   **3 Siempre o casi siempre**

1. Llegas puntual a las reuniones y, cuando las organizas tú, te esfuerzas para que acaben a la hora. 1 2 3
2. Te aseguras de que haya un reloj visible en la sala de reuniones. 1 2 3
3. Limitas el tiempo de tus llamadas. 1 2 3
4. Lees los correos electrónicos el día que los recibes. 1 2 3
5. Intentas siempre acabar las tareas que estás haciendo e insistes en que no te interrumpan mientras las haces. 1 2 3
6. Intentas que tus informes sean lo más breves posible. 1 2 3
7. Eliminas tu suscripción de mailings electrónicos, revistas y periódicos que no lees. 1 2 3
8. Echas un vistazo para evaluar los informes internos nada más recibirlos. 1 2 3
9. Evitas que tu bandeja de asuntos pendientes se desborde. 1 2 3
10. Consigues decir que no a algunas peticiones sin que eso sea motivo de conflicto. 1 2 3
11. Buscas soluciones informáticas que te ayuden a ganar tiempo y mejorar la productividad. 1 2 3

11-16 puntos.– Plantéatelo: debes aprender a usar el tiempo con eficacia y reducir el tiempo dedicado a trabajar de un modo improductivo.
16-24 puntos.– Tienes una aptitud razonable para administrar el tiempo, pero podrías mejorar.
24-33 puntos.– Empleas el tiempo con mucha eficacia; sigue buscando nuevas maneras de racionalizar tu trabajo.

 B. Ahora escucha la conversación entre Javier y Laura comentando el test. ¿Qué resultados han obtenido? ¿A quién crees que te pareces más? ¡Haz el test y compruébalo!

Observación

3. UN LUNES CUALQUIERA

A. El señor Ortiz últimamente no logra administrar bien su tiempo y ha decidido llevar un registro de sus actividades para ver en qué puede mejorar. Lee lo que hizo durante el lunes pasado y comenta con un compañero qué os parece su forma de trabajar.

21/09/09

A las 8 tomé el tren y, en cuanto se puso en marcha, empecé a trabajar con el portátil. Antes de llegar a la empresa, llamé a Pilar, mi asistente, para saber si había algún mensaje importante. Cuando llegué a la oficina, puse la cafetera y, mientras el café salía, estuve charlando con Pilar. Luego leí mi correo electrónico y anoté las cosas que tenía que hacer ese día. La reunión de los lunes comenzó con quince minutos de retraso. Nada más acabar la reunión, llamé a José María para confirmar el almuerzo y organicé mejor mi escritorio. Antes del almuerzo, respondí a algunos correos electrónicos y archivé algunos documentos del ordenador. A las 2 fui al despacho de José María para salir a almorzar con él. Al principio, estuvimos ultimando detalles sobre un proyecto, pero después del segundo plato, hablamos de otras cosas. Regresamos antes de que dieran las 4, comenté la reunión con Pilar, llamé a algunos proveedores y seguí leyendo más correos electrónicos. Después, telefoneé a González para la reunión del miércoles y empecé a escribir un correo electrónico a nuestro representante para Europa del Norte. Intenté redactar el informe de la reunión de esa mañana. Llamó Dolores, mi mujer, y charlamos durante diez minutos. Después de hablar con ella, decidí que me iba a casa. Fui a la estación, tomé el tren y dormí durante todo el trayecto.

B. Ahora, observa estas estructuras temporales y busca en el texto un ejemplo de cada una.

FRASES TEMPORALES REFERIDAS AL PASADO

Antes de + INFINITIVO   *antes de llegar*
Antes de + SUSTANTIVO
Antes de que + SUBJUNTIVO
Cuando + INDICATIVO
Durante + SUSTANTIVO

En cuanto + INDICATIVO
Mientras + INDICATIVO
Nada más + INFINITIVO
Después de + SUSTANTIVO
Después de + INFINITIVO

4. EL TIEMPO TODO LO CAMBIA

A. Juan Miguel es un ejecutivo que ha hecho algunos cambios en su vida. Marca, en cada grupo de frases, cuál habla de cómo era antes (PAS.), cuál de cómo es ahora (PRES.) y cómo será en el futuro (FUT.).

- Busca rodearse de personas **que le enseñen** algo. *PRES.*
- Buscaba rodearse de personas **que le ayudaran** a ascender en su trabajo. _____
- Buscará rodearse de personas **que le diviertan**. _____

- Iba de vacaciones a sitios bien comunicados **para que** su jefe lo **pudiera** localizar. _____
- Irá de vacaciones a una casa de la costa **para que** su familia **vaya** a verlo de vez en cuando. _____
- Va de vacaciones a la montaña **para que** sus hijos **hagan** mucho deporte. _____

- **Intenta que** sus compañeros **se planifiquen** bien y salgan a la hora. _____
- **Intentaba que** sus compañeros también **se quedaran** a trabajar muchas horas más. _____
- **Intentará que** la gente **lo recuerde** como una buena persona. _____

- **Mientras** sus colegas **salían** a comer juntos, él se quedaba solo en el despacho. _____
- **Mientras** su mujer **da clases** en la universidad, él se queda en casa con los niños. _____
- **Mientras tenga** fuerzas continuará yendo al Tíbet todos los años. _____

B. ¿Qué evolución te parece que ha experimentado y experimentará Juan Miguel? ¿Qué adjetivos le otorgarías en cada fase de su vida?

C. Fíjate en las formas marcadas en negrita, luego intenta completar este esquema.

LA CONCORDANCIA TEMPORAL

Frases relativas sobre cosas o sobre personas
no identificadas o no conocidas.
> En pasado: *que + imperfecto de subjuntivo*
> En presente:
> En futuro:

Frases subordinadas tras un verbo que implica influencia
sobre los otros (**intentar que**, **insistir en que**, etc.).
> En pasado:
> En presente:
> En futuro:

Frases subordinadas con preposición (**para que**,
sin que, etc.).
> En pasado:
> En presente:
> En futuro:

Frases subordinadas temporales con **mientras**,
cuando, **en cuanto**, etc.
> En pasado:
> En presente:
> En futuro:

5. ¿QUÉ PUEDO HACER?

A. La persona de la que se habla en la actividad anterior, Juan Miguel, recibió una serie de consejos de amigos y familiares. ¿Por qué crees que le dan esos consejos? ¿Qué imagen tienen de él esas personas?

- **Deberías rodearte** de personas **que te hicieran** reír.
- **Tendrías que pasar** los fines de semana tranquilo, **sin que** nada **te hiciera** pensar en el trabajo.
- **Deberías intentar que** tu jefe no **te cargara** con tanto trabajo.
- En el trabajo, yo **insistiría en que no me dieran** tantos proyectos y con tan poco tiempo.

B. Ahora fíjate en las estructuras marcadas en negrita y compáralas con las que has visto en la actividad anterior. ¿En qué tiempo aparece el verbo de la frase subordinada? ¿Y el de la principal?

6. TE CONCEDO UN...

A. Los siguientes verbos, con sus construcciones más comunes, provienen del texto de la actividad 1. Escribe una frase con cada uno; puedes buscar ejemplos en internet.

ESTRATEGIA
Los buscadores de internet son una herramienta muy potente para saber cómo se usa una palabra o una expresión en español, ya que muestran miles de ejemplos de uso aunque, lógicamente, entre esos ejemplos habrá algunos incorrectos, poco frecuentes o atípicos. Puedes usar las búsquedas avanzadas para limitar los resultados a dominios de un cierto país, como .es, .ar, .mx, etc. o a las páginas de periódicos o revistas importantes, etc.

- Conceder algo a alguien
  No le concedieron el crédito al empresario y tuvo que cerrar la fábrica.
- Reducir(se) a algo
- Compaginar algo con algo
- Convertirse en algo/alguien
- Asesorar(se) sobre algo
- Planificar(se)
- Hacerse cargo de algo
- Negarse a hacer algo
- Referirse a algo
- Apetecerle a alguien (hacer) algo
- Ayudar a alguien a hacer algo
- Prescindir de algo

B. El verbo «forlondiar» no existe; en estas frases puede ser sustituido por alguno de los verbos anteriores. ¿Por cuál? Escribe las formas verbales adecuadas en cada caso.

- El jurado del festival *forlondió* el premio a la mejor actriz a María Despeñadero.
- Me *forlondio* a participar en esta farsa: esto es ridículo.
- Cuando dices que te interesa la geopolítica asiática, ¿a qué te *forlondias*?
- Los niños también deben *forlondiarse* de sus propias responsabilidades y saber que tienen obligaciones.
- Durante años, *ha forlondiado* su labor como directora de una ONG con su carrera artística.
- Buenas, me quiero *forlondiar* sobre el nuevo contrato de telefonía móvil de Bodafón.

Consultorio

FRASES TEMPORALES

Para situar una acción en el tiempo podemos utilizar frases temporales, que se construyen de distintas maneras según la expresión temporal que se usa y el tiempo al que nos referimos.

Frases referidas al pasado

cuando + INDICATIVO

- **Cuando** mi jefa **me llamó** a casa aquel día, no respondí.

en cuanto/tan pronto + INDICATIVO

- Aquel día me fui a correr un rato por la playa **en cuanto/tan pronto como me desperté**.

una vez + INDICATIVO

- Aquel día, **una vez me desperté**, me fui a correr un rato por la playa.

mientras + INDICATIVO

- Él se dedicaba a estudiar y a trabajar **mientras** sus amigos **se iban** de vacaciones.

antes de + INFINITIVO (preferiblemente, cuando el sujeto de las dos frases es el mismo)

- Marcela empezó a trabajar como periodista **antes de acabar** sus estudios.

antes de que + SUBJUNTIVO (preferiblemente, cuando el sujeto de las dos frases es diferente)

- Marcela empezó a trabajar como periodista **antes de que le dieran** el título de periodista.

después de + INFINITIVO (preferiblemente, cuando el sujeto de las dos frases es el mismo)

- Jordi volvió al trabajo **después de pasar** un año en las Bahamas.

después de que + SUBJUNTIVO (preferiblemente, cuando el sujeto de las dos frases es diferente)

- Jordi volvió al trabajo **después de que se lo pidiera** su jefe varias veces.

Frases referidas al presente habitual

cuando + INDICATIVO

- **Cuando** mi jefa **me llama** a casa, siempre le respondo.

en cuanto/tan pronto como + INDICATIVO

- Todos los días, **en cuanto/tan pronto como me despierto**, me voy a correr un rato por la playa.

una vez + INDICATIVO

- Todos los días, **una vez me despierto**, voy a correr un rato.

mientras + INDICATIVO

- Él se dedica a estudiar y a trabajar **mientras** sus amigos **se van** de vacaciones.

antes de + INFINITIVO (preferiblemente, cuando el sujeto de las dos frases es el mismo)

- Leo lleva a su hijo al colegio todos los días **antes de empezar** a trabajar.

antes de que + SUBJUNTIVO (preferiblemente, cuando el sujeto de las dos frases es diferente)

- Leo acuesta a los niños **antes de que llegue** su mujer de trabajar.

después de + INFINITIVO (preferiblemente, cuando el sujeto de las dos frases es el mismo)

- Guillermo echa la siesta **después de comer**.

después de que + SUBJUNTIVO (preferiblemente, cuando el sujeto de las dos frases es diferente)

- Guillermo echa la siesta **después de que** sus hijos **coman**.

Frases referidas al futuro

cuando + SUBJUNTIVO

- **Cuando** mi jefa me **llame** a casa, no pienso responder.

en cuanto/tan pronto + SUBJUNTIVO

- Todos los días, **en cuanto/tan pronto como** me despierte, iré a correr un rato por la playa.

una vez + SUBJUNTIVO

- Todos los días, **una vez me despierte**, iré a correr un rato por la playa.

mientras + SUBJUNTIVO

- **Mientras duren** las obras en el piso de Marcos y Mireia tendrán que vivir en casa de sus padres.

antes de + INFINITIVO (preferiblemente, cuando el sujeto de las dos frases es el mismo)

- Leo llevará a los niños al colegio todos los días **antes de empezar** a trabajar.

antes de que + SUBJUNTIVO (preferiblemente, cuando el sujeto de las dos frases es diferente)

- Leo acostará a los niños **antes de que llegue** su mujer de trabajar.

después de + INFINITIVO (preferiblemente, cuando el sujeto de las dos frases es el mismo)

- Guillermo echará la siesta **después de comer**.

después de que + SUBJUNTIVO (preferiblemente, cuando el sujeto de las dos frases es diferente)

- Guille echará la siesta **después de que** sus hijos **coman**.

LA CONCORDANCIA TEMPORAL EN FRASES SUBORDINADAS

Muchas frases subordinadas referidas al presente o al futuro llevan verbos en presente de subjuntivo. Cuando esas frases se refieren al pasado, los verbos suelen estar en imperfecto de subjuntivo.

Frases relativas referidas a personas o a cosas no identificadas o inexistentes

- No hay nadie que **quiera** ocupar este puesto de trabajo.
  + PRESENTE DE SUBJUNTIVO

- No encontrarás a nadie **que quiera** ocupar este puesto de trabajo. + PRESENTE DE SUBJUNTIVO

- No había nadie que **quisiera** ocupar ese puesto de trabajo.
  + IMPERFECTO DE SUBJUNTIVO

Frases subordinadas tras un verbo que implica influencia sobre los otros verbos

- Manuel insiste en que yo **escriba** al director.
  + PRESENTE DE SUBJUNTIVO
- Manuel insistió en que yo **escribiera** al director.
  + IMPERFECTO DE SUBJUNTIVO

Frases subordinadas tras un verbo de opinión en forma negativa

- Yo no creo que esa solución **sea** la más adecuada.
  + PRESENTE DE SUBJUNTIVO
- Yo no creía que esa solución **fuera** la más adecuada.
  + IMPERFECTO DE SUBJUNTIVO

Frases subordinadas tras un verbo de gusto, sensación o sentimiento

- A nosotros nos encanta que nuestros empleados **aporten** ideas para mejorar la empersa.
  + PRESENTE DE SUBJUNTIVO
- A nosotros nos encantaba que nuestros empleados **aportaran** ideas para mejorar la empresa.
  + IMPERFECTO DE SUBJUNTIVO

Frases subordinadas con preposición

- Han dispuesto un espacio **para** que **podamos** reunirnos.
  + PRESENTE DE SUBJ.

- Dispusieron un espacio **para** que **pudiéramos** reunirnos.
  + IMPERFECTO DE SUBJ.

Con construcciones condicionales

Esta concordancia temporal se da también en construcciones condicionales: cuando la frase principal está en condiciona, la subordinada va en imperfecto de subjuntivo.

- Si las condiciones fueran esas, no habría nadie que **quisiera** ocupar ese puesto de trabajo.

- Si supiera que no lo soporto, Manuel insistiría en que yo **escribiera** al director.

- A nosotros nos encantaría que nuestros empleados **aportaran** ideas para mejorar la empresa.

VERBOS PRONOMINALES

En español, muchos verbos se construyen con la serie de pronombres **me, te, se, nos, os, se**. En ese caso, su significado difiere del significado del verbo sin esos pronombres, y los complementos del verbo también se construyen de manera diferente.

Asegurarse de algo [= obtener la seguridad de que algo es de cierta manera] →	- Antes de irme, **me aseguré** de haber cerrado las ventanas.
Asegurarle algo a **alguien** [= darle a alguien la seguridad sobre algo] →	- Cuando me fui, Paco **me aseguró** que vendría a verme.
Negarse a hacer algo [= decir alguien que no hará algo] →	- Jaime **se niega** a bajar el precio del piso, prefiere no vender.
Negar algo [= decir que algo no es cierto] →	- Dicen que el país está en crisis, pero el presidente lo **niega**.
Negarle algo a alguien [= no darle algo a alguien] →	- Le pedí a Gerardo acceso a la información, pero **me** lo **negó**.

Comunicación

7. EL TIEMPO Y TÚ

A. ¿Cómo administras tu tiempo? Responde a las siguientes preguntas.

- ¿Cómo se distribuye tu jornada laboral o de estudio?
- ¿Crees que dedicas demasiado tiempo a tareas rutinarias o poco productivas?
- ¿Organizas tus labores clasificándolas como prioritarias o secundarias?
- ¿Llevas una agenda? ¿Te es realmente útil?
- ¿Qué tipo de actividades te parecen más difíciles de programar y de planificar?
- ¿Son realistas los plazos que te fijas?
- ¿Qué crees que deberías hacer para evitar pérdidas de tiempo en tu trabajo o en tus estudios?

B. Comparte ahora tus reflexiones con un compañero, ¿os podéis dar algún consejo? Dedice si organizas bien tu tiempo y haz una lista de cosas que podrías hacer para mejorar.

- ● Yo creo que dedico demasiado tiempo a responder correos electrónicos y a asistir a reuniones que no me incumben realmente...
- ○ ¿Y no podrías pedir a tu jefe, o a quien sea, que te permitiera no asistir a esas reuniones?

8. ANTES DE QUE LA SITUACIÓN EMPEORE

A. En el programa de radio *La buena vida*, un experto en organización del tiempo da consejos a los oyentes. Escucha las llamadas de cuatro personas y relaciona cada intervención con una de estas imágenes.

B. Escucha de nuevo las cuatro llamadas y toma nota de sus problemas.

C. Ahora, en parejas, vais a analizar uno o dos de estos problemas y vais a proponer soluciones. Tened en cuenta qué puede pasar, en cada caso, si no ponen remedio a su situación. Para ayudaros, podéis seguir el siguiente esquema de razonamiento.

Problema	Qué le puede pasar	Debe actuar antes de que...	Soluciones
Tiene el despacho lleno de papeles que no ha archivado y no sabe qué temas ya están solucionados y cuáles no.	*Puede que se ponga enfermo y que nadie sepa cómo retomar su trabajo.*	*Debe cambiar antes de que la situación sea desesperada y de que se colapse totalmente.*	*Si su jefe se lo permite, debería dedicar unos días a organizar su despacho.*

D. Explicad al resto de la clase qué soluciones proponéis para cada caso.

Tarea **9. UN FUTURO PROMETEDOR**

A. El siguiente diagrama resume los planes profesionales y personales de Carlos.
¿Qué te parecen sus objetivos?

B. Ahora, haz tú un diagrama similar. Enumera y ordena tus objetivos y reflexiona sobre lo
que deberás hacer para lograrlos. Si no quieres hablar de ti, puedes hacer el diagrama de
otra persona, real o imaginaria.

C. Expón tu plan de vida al resto de la clase, puedes ayudarte de algún programa de
presentaciones, añadir dibujos o esquemas, etc.

10. EL TIEMPO ES, DEFINITIVAMENTE, ORO

A. Lee la primera columna de este artículo. ¿Entiendes cómo el autor ha calculado lo que «vale» un minuto del tiempo de los españoles? ¿Te parece un cálculo lógico? ¿Por qué no calculas cuanto vale un minuto tuyo?

04

Su tiempo vale mucho más de lo que piensa

Somos los europeos que más nos quejamos del poco tiempo libre que tenemos, pero también los que menos hacemos para planificarlo y aprovecharlo. Cada minuto de un español medio vale 3,6 céntimos. Por eso crece el número de empresas que se dedican justamente a eso: a vender tiempo.

Los españoles vivimos una media de 43 millones de minutos. De ellos, pasamos durmiendo 13,5 millones (somos los europeos que menos duermen: entre una hora y una hora y media menos al día que finlandeses y noruegos) y trabajando, casi 12 millones. Considerando el salario y la jornada laboral medios, cada minuto de trabajo de un español vale seis céntimos. Pero si dividimos ese mismo salario medio entre los 43 200 minutos de un mes, podemos concluir que cada minuto de nuestra vida vale 3,6 céntimos. Un día, 51,84 euros. Olvide su casa, sus joyas o esa obra de arte que heredó de sus antepasados. Su posesión más valiosa es su tiempo.

La hora media a la que nos levantamos, las 7.12 h, hace que de las 24 horas del día, nos queden 996,6 minutos. Una fortuna, aunque a menudo la despilfarremos. «Dormimos menos, pero eso no es positivo para ahorrar tiempo», explica Yolanda Cano, coordinadora del Observatorio de los Horarios Españoles. «Repercute en nuestra salud, hace que suframos estrés y, en definitiva, que seamos menos productivos».

B. A continuación, tienes la segunda parte del artículo. Después de leerla, ¿qué puedes decir de cómo usan el tiempo los españoles? ¿Crees que en tu país el uso del tiempo es muy diferente? Coméntalo con un compañero.

Ahorrar tiempo: día a día, minuto a minuto. La preocupación por rentabilizar el tiempo crece. Empresarios y asalariados sienten la necesidad de ahorrar minutos de tareas engorrosas para invertirlos en las cosas que realmente les dan dinero o que, simplemente, les gustan. Y para satisfacer esa necesidad, esa demanda al fin y al cabo, está surgiendo un floreciente negocio en el que cada vez más empresas se dedican justamente a eso: a cambiar tiempo por dinero. «Hace 15 años teníamos una cartera de clientas muy exclusivas», asegura Antonia Garrido, propietaria de una empresa de maquillaje y peluquería a domicilio. «Nos llamaban para eventos especiales o cada dos días para arreglarse en casa. Hoy muchas de nuestras clientas son empleadas de grandes empresas, con buenos sueldos, pero que invierten en estética porque su trabajo las obliga a dar una imagen».

Por 30 euros Garrido manda a una peluquera para peinar en casa. El tinte vale 40 euros y la manicura, 13. Los domingos o fuera de un horario razonable —«de madrugada, antes de coger un avión», explica— recarga los precios un 10%.

Si el armario es su problema o quiere entrar en tiendas con mucho estilo pero no se siente con la confianza suficiente, en www.bcnshopping.net puede dar con un estilista experto que le acompañará dos horas por 150 euros. Si además no quiere perder el tiempo en elegir lo que va a ponerse, por 250 euros al mes le dejan la ropa preparada y etiquetada solo para enfundársela. «Nuestros clientes son, sobre todo, hombres de empresa por encima de los 50 años», afirma Yolanda Espiro, estilista. «Yo suelo comprarles ropa para toda la temporada y organizársela en perchas para que cada día de la semana sepan qué ponerse». (...)

Nuestro tiempo en el trabajo. «Somos el tercer país europeo que más horas trabaja (por detrás de la República Checa y de Grecia) y los terceros por la cola en productividad», afirma Yolanda Cano. Y eso que trabajamos casi 12 millones de minutos de nuestra vida. El problema de los españoles no es el tiempo que pasamos en el trabajo, que en eso estamos a la cabeza, sino lo poco productivo que resulta. «La filosofía del trabajador español pasa por no abandonar el puesto de trabajo hasta que no lo hace el jefe», explica Ignacio Buqueras, economista y presidente de la Comisión Nacional para la Racionalización de los Horarios Españoles. (...)

La declaración de la renta, renovar el carné de conducir, hacer el pasaporte o pasar la ITV del coche son algunos de los servicios que más piden para sus trabajadores las empresas que contactan con Más Vida Red. «Solucionamos la vida de los empleados sin que tengan que pedir un día libre para emplear en estos trámites», explican en esta empresa. Tiene su lógica. «Es normal que la gente se gaste dinero en esto; al fin y al cabo, son las funciones más engorrosas y que más tiempo vacío hacen perder. A nadie le interesa aprender a hacer un trámite, es un tiempo perdido, un tiempo que nunca vas a rentabilizar, pues no tendrás que volver a realizarlo en años», señala Ángeles Durán. Que vengan a recoger tu coche y te pasen la ITV puede costar unos 100 euros, y hacer el pasaporte, unos 50, dependiendo de la ciudad. (...)

Y en nuestro tiempo de ocio... Según los expertos, tampoco nos organizamos bien. «No somos buenos gestores de nuestro tiempo libre. Los fines de semana quedamos con los amigos y nos pueden dar las cuatro, las seis de la mañana... Eso implica que dormimos menos y al día siguiente tenemos un desfase. Parece que disponemos de mucho tiempo al ser un país mediterráneo, pero nos quejamos de tener poco tiempo para hacer deporte o dedicar al ocio, a la cultura, a la aventura...».

Muchas veces quien disfruta del ocio necesita a alguien que se lo organice. Y también para eso hay empresas. Como Qudos, que por un tanto por ciento de la entrada o del servicio (normalmente, del 10 al 15%) reservan localidades para espectáculos, consiguen mesa en restaurantes difíciles, hacen que te inviten a fiestas... Han conseguido colar a sus clientes en eventos tan exclusivos como el Concierto de Año Nuevo en Viena o los Globos de Oro. ◗

Fuente: Hermoso, Leonor. *Su tiempo vale mucho más de los que piensa*, El Mundo, 20/01/08

C. ¿Cuáles de los servicios propuestos para «vender tiempo» en el artículo te parecen interesantes? ¿Contratarías alguno? Piensa en algún servicio parecido que podrías ofrecer en tu país. Presenta tu idea de negocio a tus compañeros, explicando en qué consistiría y cómo se llamaría la empresa.

«Sin la técnica, el hombre no existiría ni habría existido nunca.»
JOSÉ ORTEGA Y GASSET (1883 - 1955), filósofo español.

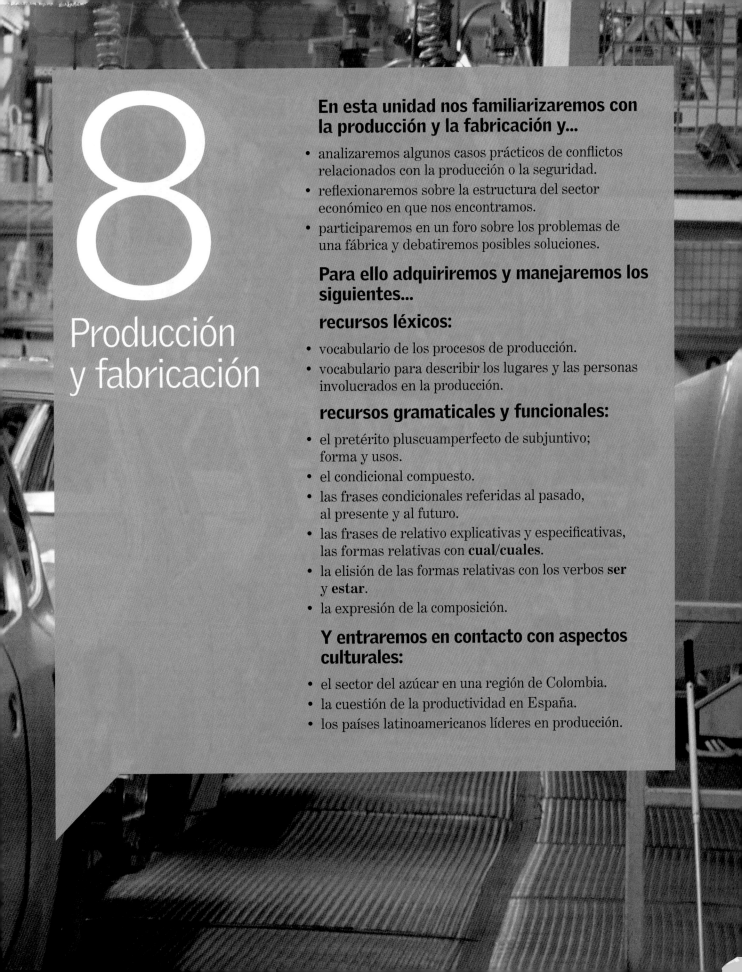

8
Producción y fabricación

En esta unidad nos familiarizaremos con la producción y la fabricación y...

- analizaremos algunos casos prácticos de conflictos relacionados con la producción o la seguridad.
- reflexionaremos sobre la estructura del sector económico en que nos encontramos.
- participaremos en un foro sobre los problemas de una fábrica y debatiremos posibles soluciones.

Para ello adquiriremos y manejaremos los siguientes...

recursos léxicos:

- vocabulario de los procesos de producción.
- vocabulario para describir los lugares y las personas involucrados en la producción.

recursos gramaticales y funcionales:

- el pretérito pluscuamperfecto de subjuntivo; forma y usos.
- el condicional compuesto.
- las frases condicionales referidas al pasado, al presente y al futuro.
- las frases de relativo explicativas y especificativas, las formas relativas con **cual/cuales**.
- la elisión de las formas relativas con los verbos **ser** y **estar**.
- la expresión de la composición.

Y entraremos en contacto con aspectos culturales:

- el sector del azúcar en una región de Colombia.
- la cuestión de la productividad en España.
- los países latinoamericanos líderes en producción.

Acercamiento

1. ¡AZÚCAR!

A. El cultivo de la caña de azúcar es muy importante en el sudoeste de Colombia. Lee el siguiente texto y discute con tus compañeros por qué el autor dice que "el conglomerado del azúcar puede ser un ejemplo para toda América Latina".

El conglomerado del azúcar del Valle del Cauca

En el siglo XX surgió en el Valle del Cauca, Colombia, un sector productivo en torno a la caña de azúcar. Este conglomerado, compuesto por cientos de empresas dedicadas a diversos productos y servicios, es la columna vertebral del desarrollo económico y social de Cali y el Valle del Cauca. En muchos sentidos, constituye un ejemplo de desarrollo exitoso, tanto más interesante porque el cultivo de la caña generalmente no se asocia en otros países al desarrollo económico y social. Este es un ejemplo de que, en el futuro, los recursos naturales podrían contribuir al desarrollo de América Latina, no ya en base a su extracción o aprovechamiento primario, sino gracias a los conocimientos más avanzados, a una mayor capacidad de innovación e incorporación de valor añadido y a la rapidez en el desarrollo industrial.

B. En un trabajo auspiciado por la ONU se analizaron las características de este sector productivo. Antes de continuar leyendo, intentad prever entre todos cuáles son las industrias que ha generado el conglomerado.

El conglomerado actual

El complejo productivo azucarero está conformado por cerca de 1200 proveedores de caña, sembrada en 200 000 hectáreas; 13 ingenios[1], más de 40 empresas procesadoras de alimentos, bebidas y licores; dos cogeneradores de energía eléctrica; un productor de papel; tres industrias químicas; más de 50 grandes proveedores especializados; 88 empresas asociativas de trabajo, y una cooperativa de trabajadores. También por los organismos de apoyo propios del sector así como por una amplia red de instituciones públicas y privadas que le brindan soporte. Los niveles básicos de este conglomerado son los siguientes:

- El primer nivel incluye a los proveedores de productos agrícolas, maquinaria y equipos; 600 técnicos asesores agrícolas; los centros de investigación de los ingenios; los proveedores de combustibles y la energía; las actividades de administración de los cultivos.
- El segundo está conformado por los cultivadores de caña.
- El siguiente nivel lo constituyen los proveedores de productos necesarios para la producción de azúcar diferentes a la caña, entre otros: maquinaria y equipos, servicios profesionales, etc.
- El cuarto está representado por las labores de cosecha que conllevan el corte y transporte de la caña, las cuales involucran la utilización de mano de obra, maquinaria y equipo pesado.
- El siguiente está constituido por la producción de azúcar y la generación de los subproductos naturales: bagazo, mieles y cachaza, principalmente.
- También pertenecen al conglomerado las industrias que utilizan los productos y subproductos, para la generación de productos de valor añadido.

- Finalmente, los canales de distribución nacional e internacional, mayoristas y minoristas.

Los procesos más importantes que incorporan de valor añadido son los siguientes:

La **industria sucroquímica** utiliza la melaza como principal materia prima y está conformada por un grupo de empresas que producen alcohol, licores, ácido cítrico, levaduras, gas carbónico, acetatos, carbonato de calcio y fertilizantes agrícolas.

La **confitería y chocolatería**, en las que el azúcar representa en algunos casos el 80% de los ingredientes, está constituida por un grupo de más de 50 compañías.

La **producción de papel** a través de la empresa Productora de Papeles (Propal), que es una de las cinco productoras más grandes del mundo que utilizan fibra de caña de azúcar (bagazo) como materia prima. La producción de papel y cartones es la base del *cluster* de artes gráficas, que está conformado por más de 40 compañías, las cuales tienen el más alto grado de especialización productiva entre los países andinos.

Otras actividades asociadas al bagazo son su utilización para la producción de **tableros aglomerados** para la fabricación de muebles y la **producción de energía**. A esta actividad se dedica la mayor cantidad del bagazo (80%), con el cual los ingenios se autoabastecen de energía y algunos cogeneran para otros usos.

Finalmente, las empresas que utilizan cachaza y mieles en la **producción de abonos y concentrados para animales** sustentan las industrias que producen carne y huevos.

---

1. Un **ingenio** es un conjunto de aparatos para moler la caña y obtener el azúcar.

C. ¿Alguna de las cosas que habéis aprendido os resultan sorprendentes?

- Yo no sabía que se pudiera hacer papel con la caña...
- Ni energía. Es muy interesante, ¿no?

D. Este cuadro resume la historia del conglomerado. Léelo e intenta entender, con los datos que tienes, por qué los hechos que se refieren fueron importantes.

PERÍODOS	HECHOS EXTERNOS E INTERNOS	POLÍTICAS PÚBLICAS
Etapa de Inicio **1900-1925**	• Apertura del Canal de Panamá • Primera Guerra Mundial • Alza del precio internacional del azúcar	• Construcción del ferrocarril Cali- Buenaventura • Desarrollo del puerto de Buenaventura • Creación del Departamento del Valle del Cauca • Carreteras Cali Bogotá, Medellín
Etapa de Crecimiento **1926-1958**	• Emergencia económica en Colombia, 1925 a 1930 • Gran depresión, 1930	• Creación de instituciones de apoyo
Etapa de Integración del Conglomerado **1959-1990**	• Revolución cubana,1959 • Asignación de una cuota de exportación a los Estados Unidos • Alza del precio internacional del azúcar	• Reforma Agraria, 1966 • Proyecto Salvajina, 1984
Etapa de Apertura e Internacionalización **de 1991 hasta hoy**	• Proceso de integración Andina • ATPA (Ley de Preferencias Arancelarias) • Sobreproducción mundial de azúcar • Crisis económica y recesión aguda en 1999	• Mecanismos de estabilización de los precios internos

Fuente: Eclac (Comisión Económica para América Latina y el Caribe). *El conglomerado del azúcar del Valle del Cauca, Colombia* [en línea, agosto 2009] http://www.eclac.org/publicaciones/xml/9/11639/LCL1815.pdf

E. Ahora vas a escuchar a un especialista que comenta cuatro de estos hechos. Anota de cuáles habla y por qué el especialista considera que fueron importantes.

Observación

2. EL CUAL

A. En las frases siguientes encontrarás varias formas relativas marcadas en negrita, ¿sabrías sustituirlas por otras?

1. El sector de la construcción concentra más de 1000 empresas de diversos tamaños, **las cuales** facturan anualmente más de 1400 millones de euros.

2. La crisis afectó gravemente a la industria azucarera, **la cual** sufrió perdidas importantes.

3. Convocaron a más de 5000 candidatos, **los cuales** tuvieron que pasar tres pruebas diferentes de selección.

4. Juan Palacios creó el ingenio "Palacios", **el cual** se distinguió por ser el único que hacía azúcar refinado.

5. Tras la revolución cubana, Estados Unidos dio una cuota de exportación de azúcar a Colombia, **lo cual** representó una gran oportunidad de desarrollo para el sector.

B. En cada una de las frases anteriores subraya a qué se refieren las diferentes formas relativas. A continuación, completa el siguiente cuadro.

	MASCULINO	FEMENINO	NEUTRO
singular			
plural			*lo cual*

C. En las tres frases siguientes aparecen algunas preposiciones junto a las formas de relativo. Observa cómo se combinan y completa las cinco últimas frases.

1. Se crearon cinco grandes empresas de reciclado, **de las cuales** tres sobreviven hasta hoy.

2. El gobierno vendió la empresa nacional de energía, **por la cual** recibió una cantidad muy importante de divisas.

3. Recibí en mi visita a la fábrica un trato muy poco amable, **sobre lo cual** preferí no hablar en mi informe.

4. Compramos cuatro maletas,   transportamos todas nuestras pertenencias.

5. Visitamos más de diez plantas de producción,   ocho no tenían las medidas de higiene reglamentarias.

6. Pasó mucho más tiempo del necesario para realizar la reparación,   los clientes presentaron una queja.

7. En la fábrica hay una gran sala de reuniones,   se puede contemplar la ciudad y la planta de producción.

8. En febrero celebraremos una asamblea extraordinaria,   hemos reservado un centro de convenciones.

3. CONDICIONES Y CONSECUENCIAS

A. En parejas, observad las siguientes frases condicionales y marcad qué parte de cada frase es la condición y qué parte es la consecuencia.

condición   *consecuencia*

1. Si el precio del azúcar aumentara, nos veríamos obligados a subir el precio de nuestros productos.

2. Si la calidad de nuestro producto fuera superior, podríamos exportarlo a la UE.

3. Si nuestra diplomacia fuera más eficaz, ya hubiéramos conseguido exportar nuestros productos a Estados Unidos.

4. Si no se hubiera construido el Canal de Panamá, hoy en día la economía de América del Sur sería muy diferente.

5. Si los productores hubieran sido más innovadores, ahora no estarían en esta situación de crisis.

6. Si hubierais comprado más *stock* de productos, no lo hubierais podido vender y ahora estaríais en la ruina.

B. Ahora fijaos en los verbos usados en la condición y en la consecuencia e intentad comprender si se refieren al futuro, al presente o al pasado. Completad el cuadro.

Condición		Consecuencia	
Referida al presente o al futuro	Referida al pasado	Referida al presente o al futuro	Referida al pasado
Si el precio aumentara...			

C. Observad los tiempos verbales usados en cada apartado. ¿Conoces el tiempo utilizado para las condiciones referidas al pasado y las consecuencias referidas al pasado?

4. YO NUNCA LO HUBIERA HECHO

A. Cuando usamos el pluscuamperfecto de subjuntivo de manera independiente, sin una condición previa, la oración suele llevar información implícita que los demás entienden perfectamente. Intenta encontrar esta información como en el ejemplo.

1. Lourdes, eres un encanto. Nosotros no hubiéramos sido tan amables con unos extraños. *Lourdes fue muy amable.*
2. Marcos es terrible. Yo te hubiera dejado el coche sin ningún problema.
3. No hubieras debido aparcar al sol; ahora hace un calor insoportable en el coche.
4. ¡Eres un desastre! Yo nunca hubiera firmado un contrato sin leerlo.

5. NO ES LO MISMO, PERO ES IGUAL

A. Lee las siguientes frases e intenta reescribirlas usando una estructura diferente a la marcada, pero utilizando el mismo verbo (**componer** y **conformar**).

1. Esta asociación **está compuesta por** cientos de empresas.
2. El Gran Bilbao **está conformado por** varios municipios, además del de Bilbao.

ESTRATEGIA
Para mejorar la expresividad, enriquecer el vocabulario y ser más precisos, es muy útil explorar los sinónimos y las diferentes estructuras que sirven para expresar las mismas ideas, pero debemos estar atentos a los posibles cambios gramaticales y de significado.

B. Una de las posibles estructuras alternativas consiste en usar los pronombres de OD (**la componen** y **lo conforman**). De este modo, la información proporcionada no varía. Reescribe de la misma manera las siguientes frases.

1. El jurado **está formado por** diez especialistas en diseño industrial.
2. Los equipos de investigación **están integrados por** personas de gran prestigio.
3. Las cadenas de montaje **están constituidas por** una serie de máquinas y robots muy avanzados.
4. La exposición **está configurada por** piezas recientes de la artista plástica Lola Mentarás.

C. Para expresar ideas de composición o pertenencia, también podemos usar otros verbos, como **incluir** o **pertenecer**, pero con diferencias en el significado. ¿Cuáles?

a. La colección **incluye** esculturas del célebre artista Samuel Mas.
b. La colección **está compuesta por** esculturas del célebre artista Samuel Mas.

• ¿Cuál de las dos frases expresa que la colección solamente tiene piezas de Mas?

c. Los especialistas en poesía **pertenecen** al jurado del premio literario.
d. El jurado del premio literario **está formado por** especialistas en poesía.

• ¿Cuál de las dos frases expresa que el jurado solamente hay especialistas en poesía?

Consultorio

EL PRETÉRITO PLUSCUAMPERFECTO DE SUBJUNTIVO Y EL CONDICIONAL COMPUESTO

El pretérito pluscuamperfecto de subjuntivo

	PRET. IMP. DE SUBJUNTIVO DE **HABER**	+	PARTICIPIO
(yo)	hubiera (-se)		reservado
(tú)	hubieras (-ses)		
(él/ella/usted)	hubiera (-se)		sabido
(nosotros/as)	hubiéramos (-semos)		
(vosotros/as)	hubierais (-seis)		venido
(ellos/ellas/ustedes)	hubieran (-sen)		

! Las formas con **-se** (**hubiese, hubieses, hubiese, hubiésemos, hubieseis, hubiesen**) son equivalentes a las formas con **-ra**.

Este tiempo se usa para expresar una condición no realizada en el pasado.

- Si te **hubieras presentado** al puesto de director...

Y también una consecuencia no realizada en el pasado.

- ...te lo **hubieran dado**.

En el segundo caso, es decir, para expresar la consecuencia no realizada en el pasado, también se puede usar el condicional compuesto, aunque su uso es menos frecuente.

- Si **hubiéramos comprado** aquella casa, **habríamos tenido** que pedir un préstamo enorme. = **Si hubiéramos** comprado aquella casa, **hubiéramos tenido** que pedir un préstamo enorme.

El condicional compuesto

	CONDICIONAL DE **HABER**	+	PARTICIPIO PASADO
(yo)	habría		reservado
(tú)	habrías		
(él/ella/usted)	habría		sabido
(nosotros/as)	habríamos		
(vosotros/as)	habríais		venido
(ellos/ellas/ustedes)	habrían		

FRASES CONDICIONALES REFERIDAS AL PRESENTE Y AL FUTURO Y AL PASADO

Hay varias combinaciones de causa y consecuencia según nos refiramos al presente y al futuro o al pasado.

Condiciones referidas al presente y al futuro

Las condiciones referidas al presente o al futuro que queremos presentar como imposibles o poco posibles se expresan, generalmente, mediante el imperfecto de subjuntivo. Las consecuencias pueden referirse al presente o al futuro –e ir en condicional– o, más raramente, al pasado, e ir en pluscuamperfecto de subjuntivo.

- **Si fuéramos** ricos, **tendríamos** una casa preciosa en el Caribe.

- **Si fuéramos** ricos, **nos hubiéramos comprado** una casa preciosa en el Caribe. = **Si fuéramos** ricos, **nos habríamos comprado** una casa preciosa en el Caribe.

Condiciones referidas al pasado

Las condiciones referidas al pasado y no cumplidas se expresan generalmente mediante el pluscuamperfecto de subjuntivo. Las consecuencias pueden referirse al presente o al futuro –e ir en condicional simple– o al pasado, e ir en pluscuamperfecto de subjuntivo.

- Si **hubieras acabado** la carrera de Derecho, ahora **trabajarías** en el bufete de tu padre.

- Si **hubieras acabado** la carrera de Derecho, tu padre te **hubiera empleado** en su bufete. = Si **hubieras acabado** la carrera de Derecho, tu padre te **habría empleado** en su bufete.

Cuando en una frase solo aparece la consecuencia en el pasado –en pluscuamperfecto de subjuntivo o en condicional compuesto– se entiende que hay, en el contexto, una condición que no hace falta expresar.

- La sopa está muy buena, pero yo la **hubiera/habría hecho** con pasta y no con arroz (si la hubiera hecho yo).

- Habéis sido muy amables con ese señor, yo no **hubiera/habría tenido** tanta paciencia como vosotros (si hubiera estado en vuestro lugar).

Y muchas veces, sobre todos con frases negativas o con verbos como **deber, poder** o **tener que**, este tipo de frases expresan sorpresa, reproche o lamento.

■ **Nadie habría dicho** que esta región se convertiría en el motor económico del país.

■ **Hubieras debido** comunicar la pérdida de la tarjeta inmediatamente.

■ Ruiz será el nuevo jefe. **Nunca** lo **hubiera imaginado**.

Hubiéramos podido llegar a tiempo, pero tuviste que parar para comprar pan y perdimos el maldito tren.

CONECTAR CON ESTRUCTURAS DE RELATIVO (II)

Las frases de relativo pueden ser especificativas o explicativas. Las especificativas no van entre comas y distinguen a una parte de los elementos referidos por el antecedente.

■ Los accionistas **que han venido a la asamblea** han apoyado nuestro plan estratégico. [= De todos los accionistas, aquellos que han venido a la asamblea.]

Las explicativas van entre comas y se refieren a todos los elementos referidos por el antecedente.

■ Los accionistas, **que han venido a la asamblea**, han apoyado nuestro plan estratégico. [= Todos los accionistas han venido a la asamblea.]

Las formas **el cual/la cual/los cuales/las cuales** pueden sustituir a **que** en las frases de relativo explicativas.

■ La empresa puso en marcha un nuevo plan, **el cual** se desarrolló durante más de 3 años.

■ Destaca en el conjunto la fábrica principal, **la cual** ocupa una buena parte del terreno.

Cuando, en las frases de relativo, **el cual/la cual/los cuales/las cuales** hace una función que requiere el uso de una preposición, esta se coloca antes de esas formas. En este caso, puede formar parte de oraciones explicativas o especificativas.

Explicativas:

■ En 1999 conoció a Ana, **con la cual** se casó poco después.

■ Empezó a investigar los procesos de fabricación automáticos, **sobre los cuales** escribió varios libros.

■ Por aquí se accede al nivel superior, **desde el cual** se puede subir directamente a la terraza.

Especificativas:

■ Ahí está la máquina de vapor **con la cual** mi abuelo empezó el negocio.

■ Estos son los temas **sobre los cuales** discutiremos hoy.

La forma **lo cual** puede sustituir a **lo que** en las frases de relativo explicativas. En este caso, el antecedente de **lo cual/lo que** es una frase.

■ La región tiene un clima tropical de montaña, **lo cual** representa una ventaja para el cultivo de la caña.

■ La empresa perdió bastante dinero, **de lo cual** responsabilizaron a la gerencia.

■ La empresa ha ganado varios premios internacionales, **en lo cual** basaron su última campaña publicitaria.

Frases de relativo con los verbos ser y estar

En textos de un registro elevado, las frases de relativo explicativas con los verbos **ser** y **estar** pueden ser sustituidas por construcciones sin forma relativa ni verbo.

■ Los ingenieros, **que eran** especialistas en robótica, diseñaron un proceso de fabricación automático. = Los ingenieros, especialistas en robótica, diseñaron un proceso de fabricación automático.

■ La fábrica, **que está** situada en el valle, es de las mayores del país. = La fábrica, situada en el valle, es de las mayores del país.

EXPRESAR LA COMPOSICIÓN

Hay muchos verbos que expresan composición con diferentes matices: **formar, conformar, configurar, componer, constituir, completar, incluir,** etc.

■ El complejo **está constituido por** varias fábricas.

■ El complejo **lo constituyen** varias fábricas.

■ Varias fábricas **conforman** el complejo.

Comunicación

6. ¿DE QUIÉN ES LA CULPA?

A. Aquí se resumen dos problemas recientes que tienen que ver con el proceso de producción. Léelos y extrae las primeras conclusiones: ¿quién es el responsable de lo sucedido?

1

En una **planta productora de calzado**, en los últimos años se ha invertido poco en mantenimiento e innovación. La dirección afirma que esto se debe a que los trabajadores presionaron mucho para mejorar sus condiciones salariales. Los trabajadores creen que la dirección quería mostrar buenos resultados a corto plazo y sacrificó la inversión. Ahora, la maquinaria está obsoleta y la fábrica empieza a ser incapaz de competir con otras plantas de producción del país y del extranjero.

2

Una **fábrica de muebles** recibió un pedido de 2000 mesas de oficina. Cuando solo faltaban unas semanas para entregar, el cliente cambió la cantidad a 4000. Los responsables del departamento comercial le dieron garantías de que eso no supondría ningún problema, pues pensaron que los trabajadores estarían dispuestos a hacer horas extraordinarias. Finalmente, casi ningún empleado aceptó las condiciones propuestas y el pedido no fue entregado en el plazo acordado. El cliente se disgustó y amenaza con no aceptar el pedido.

 CD 31-32

B. Escucha ahora la opinión de algunas personas sobre estos dos casos. Anota quiénes son, a quién atribuyen la responsabilidad en casa caso y cómo lo justifican.

1

Quién habla: _____

A quién considera responsable: _____

Por qué: _____

2

Quién habla: _____

A quién considera responsable: _____

Por qué: _____

C. Ahora, entre todos, discutid los dos casos. ¿Estáis de acuerdo?

- Yo creo que en el primer caso la culpa es de los trabajadores; si no hubieran presionado para tener aumentos de sueldo...
- ¿Tú crees? ¿No te parece que la responsabilidad es de la dirección?

Léxico 7. MI SECTOR

Observa este mapa conceptual simplificado sobre el sector del azúcar. En pequeños grupos, intentad comprender cómo funciona. Luego, elaborad un mapa conceptual semejante sobre el sector económico en el que trabajáis o en el que queréis trabajar en el futuro.

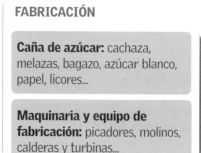

CULTIVO

Campo: tierra, agua, semillas...

Maquinaria: agrícola (tractores, cosechadoras...); de transporte (camiones...)

Mano de obra

FABRICACIÓN

Caña de azúcar: cachaza, melazas, bagazo, azúcar blanco, papel, licores...

Maquinaria y equipo de fabricación: picadores, molinos, calderas y turbinas...

DISTRIBUCIÓN

Transporte: marítimo y terrestre

Distribución nacional: a particulares y a industrias

Distribución internacional: a particulares y a industrias

8. RUMORES

A. En la fábrica de calzado Zapax está circulando un rumor. En grupos de cinco, leed el resumen de la situación y escoged cada uno uno de estos personajes. Luego, por turnos, escribid una intervención en el foro expresando la opinión de vuestro personaje y reaccionando frente a la de los demás.

LA SITUACIÓN

Zapax compró el año pasado Bambax, otra compañía que tenía una planta de producción bastante parecida. Corre el rumor de que sobra un tercio de la plantilla. Este hecho está afectando al rendimiento del personal, ya que, por lo que dicen, la dirección va a sugerir que algunos trabajadores del área de producción sean transferidos al área comercial si quieren seguir en la empresa. Parece inevitable que haya despidos ya que lo más importante, a partir de ahora, será vender, no producir.

Alberto Bermúdez.
RESPONSABLE DE PLANTA. 35 AÑOS.
Cree que la compra de Bambax lo va a perjudicar, ya que el área donde trabaja será probablemente una de las afectadas por la compra, y no tiene intención de reciclarse para empezar a desempeñar tareas nuevas para él. Cree que los rumores sobre una reducción drástica de plantilla son ciertos y está muy enfadado.

Luis María Lorda.
OBRERO CUALIFICADO. 42 AÑOS.
Hace 20 años que trabaja en la fábrica y no tiene ninguna intención de cambiar de puesto. Hace 7 años que forma parte del comité de empresa. Está preocupado por el rumor, pues siente que su seguridad y la de sus compañeros está amenazada, y teme que la empresa no ofrezca tratos justos a la hora de negociar los cambios.

Esther Sala.
OBRERA RECIÉN LLEGADA. 24 AÑOS.
Está muy contenta de haber salido del paro y de haber encontrado este trabajo. Le gusta lo que hace pero, si la empresa propone a los trabajadores que trabajen en otras áreas, no le molestaría dedicarse a las ventas. No le parece mal que la empresa crezca.

Clara Barrios.
JEFA DE EQUIPO. 38 AÑOS.
Es muy responsable y le preocupa que todo vaya bien en su sección. Trata de apaciguar los ánimos insistiendo en que no va a haber cambios. Ya ha hablado del tema con el director de producción, quien le ha dicho que no se preocupe y le ha asegurado que todo lo que se dice sobre los despidos es un rumor sin fundamento.

José Manuel Ballesteros.
DIRECTOR DE PRODUCCIÓN. 46 AÑOS.
Tiene mucha experiencia en gestión de plantas y es un líder de opinión en la fábrica. Forma parte del equipo de dirección y, aunque de momento no se está hablando de reducir la plantilla de su área, la medida no está descartada. Su objetivo es que se recobre la tranquilidad.

Mar_mota
USUARIO REGISTRADO

¡Zapax es un desastre! ¿Qué esta pasando en esta empresa? En administración tenemos la sensación de que antes de comprar Bambax, hubieran debido consultar a los trabajadores y que, como mínimo, habrían tenido que anunciarnos cuáles eran los planes de la empresa. En vez de eso, un año después, la dirección continúa sin explicarse. Proponemos exigir a la empresa una reunión informativa para que se nos explique claramente la situación.

B. Los cinco personajes de vuestro grupo os encontráis en la cafetería de la empresa y alguien saca el tema descrito en el apartado A. Preparad un breve debate en el que cada uno expresará su punto de vista y reaccionará ante las opiniones de sus compañeros. Podéis discutir sobre:

- La actuación de la empresa en la compra de Bambax.
- La posible transferencia de trabajadores al departamento de Ventas.
- Las posibles acciones que se pueden emprender para proteger los derechos de los trabajadores o los intereses de la empresa.
- Otros.

9. ¿SON PRODUCTIVOS LOS ESPAÑOLES?

A. Lee el siguiente fragmento extraído de un blog de actualidad económica y responde a las preguntas.

Productividad a la española

(...) IESE (1) y Adecco (2) acaban de publicar un estudio en el que llegan a una conclusión nada novedosa: España es el país en el que más largas son las jornadas laborales y menor rendimiento se obtiene por hora trabajada. Lamentablemente la baja productividad por hora no se debe tanto a las muchas horas de la jornada como a... bien, la baja productividad. Y esto se refleja en que uno de los datos críticos del informe es el tiempo que se tarda en producir bienes y servicios en España comparado con el resto de la UE: somos los terceros por la cola.

Cotillear con los compañeros, navegar por internet, hacer pausas, mandar correos a los amigos, salir a fumar ... La revista Emprendedores citaba este mes un estudio de Ipsos (3) para la empresa Lexmark en el que concluían que estas distracciones consumían hasta el 15% del tiempo de sus trabajadores en Europa, una cifra que probablemente firmarían sin dudar muchos empresarios españoles al observar a sus trabajadores. (...) Los tres países con menor jornada laboral (Holanda, Alemania y Bélgica) se encuentran entre los cuatro en los que la productividad por hora es mayor. Y de nuevo dudo que se trate únicamente de una cuestión aritmética (menos horas = menor denominador = mayor cociente). Se trata de algo mucho más profundo que tiene que ver con las actitudes hacia el trabajo (insisto: de unos y de otros).

Y es que mientras haya quién se pase la jornada pasilleando pero luego procure salir a las nueve para que todo el mundo vea que se queda hasta tarde, y mientras se premien precisamente este tipo de actitudes... Bueno, mal vamos. (...)

(1) Escuela de comercio que goza de muy buena reputación.
(2) Empresa nº 1 mundial de trabajo temporal.
(3) Una de las principales empresas mundiales de estudios a través de encuestas.

Fuente: El blog salmón. *Productividad a la española* [En línea, septiembre 2009] <http://www.elblogsalmon.com>

1. ¿Qué visión del mundo laboral en España se desprende de este documento?
2. ¿Quiénes son, según el autor, los responsables de esta situación?
3. ¿Qué actitudes, aparentemente típicas de España, critica el autor?
4. ¿Qué crees que puede ser «pasillear»?
5. ¿Cómo es esta cuestión en tu país?
6. ¿Qué comportamientos crees que ayudan a aumentar la productividad?

B. Iberdrola, una importante empresa eléctrica española, adoptó ya en 2008 algunas medidas para incrementar la productividad. Lee este fragmento y coméntalo con tus compañeros.

Iberdrola incrementa su productividad tras implantar la jornada continua

Iberdrola ha incrementado su productividad en medio millón de horas en 2008 después de implantar la jornada continua en la mayoría de sus departamentos. (...) 7300 de sus 33 000 empleados en España disfrutan de esta jornada, los cuales disponen de una horquilla de media hora para entrar y salir —entre las 7 y las 15.30 horas— y han ganado una media de 40 horas de productividad, según datos de la propia compañía.

(...) La eléctrica asegura en un comunicado que el IV convenio colectivo marcó un punto de inflexión en el día a día de la compañía, ya que "aspectos como la conciliación entre la vida familiar y laboral y la flexibilidad horaria pasaron a jugar un papel clave en la filosofía y el funcionamiento del grupo", informa EFE.

La compañía asegura que también han obtenido resultados "muy positivos" con la decisión de ligar el incremento del salario fijo a la consecución de los objetivos personales y de la empresa.

10. GRANDES PRODUCTORES

A. España y los países de Hispanoamérica son grandes productores de algunas materias y bienes. ¿Sabrías responder a las siguientes preguntas?

1. ¿Qué países hispanos son los mayores productores de petróleo?
2. ¿Y de coches?
3. ¿Qué país hispanoamericano es el mayor productor de café?
4. ¿Y el mayor productor de esmeraldas del mundo? ¿Y de plata? ¿Y de cobre?
5. ¿De qué es España el mayor productor del mundo?

B. Lee las informaciones siguientes y encuentra las respuestas a las preguntas anteriores.

PAÍSES PRODUCTORES DE PETRÓLEO DE HISPANOAMÉRICA

PAÍS	PRODUCCIÓN (BARRILES/DÍA)	PUESTO EN LA PRODUCCIÓN MUNDIAL
México	3 420 000	5
Venezuela	3 081 000	6
Argentina	745 000	21
Colombia	512 400	25
Ecuador	493 200	26
Perú	120 000	52
Cuba	72 000	60
Bolivia	42 000	65
España	31 250	69
Guatemala	16 370	76
Chile	15 100	78
Nicaragua	14 300	80
Puerto Rico	722	104
Uruguay	514	105
República Dominicana	12	113

PRODUCCIÓN DE VEHÍCULOS DE MOTOR EN EL MUNDO

PAÍS	PRODUCCIÓN (EN MILES DE UNIDADES)
Japón	11 564
China	9345
Estados Unidos	8705
Alemania	6041
Corea del Sur	3807
Brasil	3220
Francia	2569
España	2542
India	2315
México	2191

CURIOSIDADES

- Chile es el primer productor del mundo de cobre, yodo, litio y nitrato de potasio.
- Argentina es el primer productor del mundo de alimentos per cápita, es el séptimo productor en escala absoluta y es el octavo exportador del mundo.
- Colombia es el primer productor de esmeraldas del mundo y el tercero de café después de Brasil y... Vietnam.
- España es el primer productor del mundo de aceite de oliva virgen... y de mercurio. Y el tercero de energía eólica.
- México es el primer productor del mundo de plata.
- Perú es uno de los 10 primeros productores de minerales del mundo.

 C. Busca en internet información sobre alguna de las producciones anteriores y su impacto en el país. Investiga cuáles son las regiones de producción, cuáles son las empresas vinculadas a esas explotaciones o industrias, qué importancia tienen en la vida diaria de la población, etc.

DVD

Emprendedores

Sara Navarro

SARA NAVARRO
Duración: 03' 00"

Sara Navarro nos explica cómo inició su negocio. Desde muy pequeña, se interesó por los trabajos manuales. Su vocación creativa la llevó tempranamente a estudiar diseño para seguir luego la tradición familiar e imponerse más tarde en el mundo de la moda como una diseñadora de renombre.

 A. Infórmate en internet sobre Sara Navarro, y completa esta ficha.

FICHA DE LA EMPRESA

NOMBRE

SECTOR ECONÓMICO

SEDE PRINCIPAL

BREVE HISTORIA

PRINCIPALES PRODUCTOS ¿Cuáles son los productos confeccionados y fabricados por esta firma?

SU FUNDADORA ¿Quién es? ¿Qué estudió? ¿Ha obtenido algún premio importante?

PROYECTOS Y COLABORACIONES ¿Con qué empresas y entidades colabora Sara Navarro? ¿Para qué marcas ha trabajado como diseñadora?

LO MÁS DESTACABLE ¿Qué te sorprende de esta empresa? ¿Cuál es su punto fuerte?

B. Después de ver el reportaje, responde a estas preguntas:

1. ¿Cómo era Sara de pequeña? ¿Qué es lo que más le interesaba?
2. ¿Qué cosas pasaron en su infancia que la llevaron a ser lo que es?
3. ¿De quién fue la idea de que ella creara una marca con su nombre? ¿Con qué finalidad?
4. ¿Para qué se fue a Italia antes de terminar su carrera?
5. ¿Qué pasó cuando volvió a España?
6. Según ella, ¿qué hay que tener para ser un emprendedor?

 C. ¿Sabes qué significan estas palabras? Intenta definirlas y luego tradúcelas a tu lengua.

- la vocación
- la tradición familiar
- el taller
- el modelo
- la carrera
- el sector del calzado y del complemento
- el diseño
- el riesgo

D. Resume la trayectoria de Sara Navarro usando este vocabulario si lo necesitas.

E. Escribe una carta a Sara Navarro para presentarte y manifestarle tu interés por trabajar con ella.

Estimada Sra. Navarro:

Restaurante Sant Pau

RESTAURANTE SANT PAU
CARME RUSCALLEDA
Duración: 2' 47"

Carme Ruscalleda, cocinera y propietaria del restaurante Sant Pau, explica cómo un empresario japonés la intenta convencer para abrir una sucursal de su negocio en Tokio. La negociación será larga...

 A. Infórmate en internet sobre el restaurante Sant Pau y completa esta ficha.

FICHA DE LA EMPRESA

NOMBRE

SECTOR ECONÓMICO

SEDE PRINCIPAL

BREVE HISTORIA

TAMAÑO DE LA EMPRESA ¿Tiene sucursales? ¿Es una empresa familiar?

MERCADO PRINCIPAL ¿Quiénes son sus clientes?

LO MÁS DESTACABLE ¿Qué te sorprende de esta empresa? ¿Cuál es su punto fuerte?

B. En este vídeo, la propietaria del restaurante Sant Pau explica cómo un empresario japonés la convenció para abrir una sucursal de su negocio en Tokio. Toma nota de los argumentos y estrategias que, según Ruscalleda, utilizó el empresario para convencerla. Añade algunos argumentos más que pudieron salir en la reunión.

Estrategias	Argumentos

 C. Al empresario japonés le costó mucho convencer a la señora Ruscalleda. ¿Cuáles crees que fueron los pros y los contras que se planteó ella? ¿Por qué crees que terminó aceptando?

Pros	Contras
	Los japoneses no apreciarán la cocina con productos de nuestra tierra...

D. Imaginad una situación parecida: un empresario quiere abrir una sucursal de un negocio extranjero en su país. En grupos de dos, repartíos los papeles y escenificad una reunión en la que se propone una oferta difícil de aceptar. Podéis inspiraros en lo que ocurrió con el restaurante Sant Pau.

Cottet

COTTET
Duración: 03' 39"

Javier Cottet, dueño de una cadena de ópticas que lleva su nombre, nos relata la historia de su empresa familiar. En 1902, Cottet abre su primera óptica y, más de un siglo después, esta firma líder a nivel nacional dispone de cincuenta establecimientos repartidos por España.

 A. Infórmate en internet sobre la empresa Cottet y completa esta ficha.

FICHA DE LA EMPRESA

NOMBRE

SECTOR ECONÓMICO

SEDE PRINCIPAL

BREVE HISTORIA

TAMAÑO DE LA EMPRESA ¿Cuántos trabajadores tiene? ¿Cuántas sucursales? ¿Es una empresa familiar?

PRODUCTOS

SERVICIOS ¿Qué servicios adicionales ofrece?

PRINCIPALES PREMIOS ¿Ha recibido algún galardón? ¿Cuál?

LO MÁS DESTACABLE ¿Qué te sorprende de esta empresa? ¿Cuál es su punto fuerte?

B. Los ancestros de Javier Cottet se expatriaron a España por razones profesionales. Completa las siguientes oraciones con la información del vídeo para resumir la historia de esta empresa.

1. La familia de Javier Cottet es de origen _____ (1). Los Cottet eran _____ (2) de gafas. Al bisabuelo del actual presidente de la empresa le gustó tanto España que se trasladó a _____ (3), donde abrió su primera _____ (4) en 1902.

2. Cuando murieron los creadores de esta empresa, sus sucesores _____ (5) del negocio. Les fue muy _____ (6) y abrieron tiendas en otras ciudades, incluso en la capital del país.

3. Al empezar la Guerra Civil, tuvieron que _____ (7) de Barcelona y _____ (8) otra compañía. Con todo, hoy la empresa lleva más de cien años en la misma _____ (9) y siempre dedicada a la venta de _____ (10).

4. En el sector de la _____ (11) , Cottet está entre los primeros puestos de _____ (12) por su tamaño. La filosofía de la compañía consiste en atender bien al cliente porque «el cliente es el _____» (13).

5. Javier Cottet trabaja en su empresa desde pequeño y conoce muy bien a sus empleados cuyos padres, en muchos casos, también _____ (14) en la sociedad.

6. La constancia en hacer las cosas bien ha sido la clave del _____ (15) de Cottet.

C. Imagina que vas a hacer unas prácticas en Cottet y que te ofrecen la posibilidad de trabajar en cualquiera de sus sucursales en España. Entra en su página web para saber en qué poblaciones tienen sucursales y elige una. ¿Qué gestiones crees que deberás hacer para pasar seis meses en esa localidad?

Rieju

RIEJU
Duración: 02' 47"

Jordi Riera, director general de Rieju, nos cuenta dónde exporta su empresa y cómo se inició su andadura internacional que ha convertido a esta marca en una referencia en el sector de los ciclomotores. Sus productos se comercializan en países de todo el mundo.

 A. Infórmate en internet sobre la empresa Rieju, y completa esta ficha.

FICHA DE LA EMPRESA

NOMBRE

SECTOR ECONÓMICO

SEDE PRINCIPAL

BREVE HISTORIA

TAMAÑO DE LA EMPRESA ¿Cuántas personas componen su plantilla? ¿Es una empresa familiar? ¿Tiene filiales en el extranjero?

PRINCIPALES MERCADOS ¿Quiénes son sus clientes? ¿Cuenta con distribuidores oficiales?

LO MÁS DESTACABLE ¿Cuál es el punto fuerte de Rieju? ¿Cómo logra diferenciarse en el mercado? ¿Qué te sorprende de esta empresa?

B. Responde a las preguntas basándote en las informaciones del vídeo.

1. ¿A qué países exporta Rieju? ¿Cuál es el principal importador de esta empresa?

2. ¿Qué le pasó a Rieju en 1992? ¿Por qué? ¿Qué medidas tomó a partir de ese año?

3. ¿Qué dos situaciones curiosas han marcado los pasos hacia la internacionalización de Rieju?

4. Según su director, ¿cuál es la principal arma de Rieju?

5. ¿Cuál es la estrategia de comercialización de esta empresa con respecto al color de sus motocicletas?

6. ¿Qué piensa hacer Rieju para evitar nuevas crisis? ¿Qué medidas tiene que tomar para expandirse?

7. ¿Qué porcentaje de la facturación proviene de la exportación?

8. ¿Cuáles son los nuevos mercados a los que se dirige ahora?

C. El equipo directivo de Rieju se reúne para tratar el tema de los colores y los diseños de las carrocerías de las motos deportivas. En grupos de tres, repartíos los papeles y escenificad una reunión negociadora que trate dicho tema.

1. EL DIRECTOR FINANCIERO entiende la situación y pide datos más precisos sobre el proyecto. Estaría a favor solo en caso de que las modificaciones a efectuar no sean muy costosas y que no excedan un cierto presupuesto.

2. EL RESPONSABLE DE PRODUCCIÓN no ve el proyecto con buenos ojos. Estas transformaciones ocasionarían cambios en la fábrica. Se necesitaría adecuar ciertos procedimientos, adaptar ciertas máquinas y herramientas, variar las horas de trabajo, etc.

3. EL RESPONSABLE DE LA DIRECCIÓN COMERCIAL está contemplando la necesidad de cambiar el color de ciertos modelos para penetrar el mercado sudamericano (para vender allí, se necesitan colores más chillones que denoten vigor, fuerza, audacia, rapidez...). Tiene la intención de convencer a sus colaboradores sobre la importancia de incluir colores más adaptados en el nuevo catálogo para América del Sur.

Pronovias

PRONOVIAS
Duración: 02' 33"

Alberto Palatchi, director del grupo Pronovias, nos explica cómo creó su padre la empresa y qué aspectos comerciales y empresariales ha tenido que introducir para convertir a su compañía en el líder internacional en su sector.

 A. Infórmate en internet sobre Pronovias y completa esta ficha.

FICHA DE LA EMPRESA

NOMBRE

SECTOR ECONÓMICO

SEDE PRINCIPAL

BREVE HISTORIA

TAMAÑO DE LA EMPRESA ¿En cuántos países está representada? ¿Cuántos empleados tiene? ¿Cuántas tiendas propias posee? ¿Tiene filiales?

PRINCIPALES MERCADOS ¿Quiénes son sus clientes?

ACTIVIDADES DEL GRUPO ¿Qué hace esta empresa para que sus tiendas sean un referente internacional en el sector? ¿Qué características tienen las tiendas franquiciadas?

VALORES DE LA MARCA ¿En qué fueron innovadores los creadores de esta empresa? ¿Qué valores la han convertido en el operador global de este mercado?

LO MÁS DESTACABLE ¿Qué te sorprende de esta empresa? ¿Cuál es su punto fuerte?

B. ¿Has entendido los comentarios hechos en este vídeo? Verifícalo respondiendo a las siguientes preguntas.

1. ¿De qué país provenía el fundador de Pronovias?
2. ¿En qué ciudad creó su empresa?
3. ¿Qué vendía cuando inició su negocio?
4. ¿Qué se le ocurrió hacer para desarrollarlo?
5. Cuando su hijo se incorporó a la empresa, ¿qué medidas tomó para ampliar su mercado?
6. ¿Cómo empezó la aventura internacional de esta compañía?

C. ¿Conocías esta marca antes de ver el vídeo? ¿Sabes si en tu país existen tiendas donde vendan productos de Pronovias? Coméntalo con tus compañeros.

D. Las bodas son una gran negocio hoy en día. ¿Sabes qué otras empresas ofrecen productos o servicios relacionados con este sector? En parejas, ¿se os ocurre alguna idea de negocio relacionado con las bodas que pueda funcionar en vuestra ciudad o región? Tomad notas y presentad un breve plan de empresa a vuestros compañeros.

NOMBRE DE LA EMPRESA:

SECTOR ECONÓMICO:

SEDE PRINCIPAL:

DESCRIPCIÓN DEL PRODUCTO O SERVICIO:

MISIÓN DE LA EMPRESA:

Cobertura para pymes

COBERTURA PARA PYMES (BANESTO)
Duración: 02' 28"

Adeli Lleó, la responsable de pymes en Banesto, Félix Córdoba, de Axom Piqueras (una empresa dedicada a los servicios de limpieza) y Enrique Hoyos, de S. C. Chacinera Albercana (una compañía de preparación y conservación de carne) hablan sobre la necesidad de cubrir financieramente la actividad empresarial de las pymes con el fin de eliminar incertidumbres.

 A. Infórmate en internet sobre los productos que ofrece el Grupo Banesto para las pymes (pequeñas y medianas empresas) y completa esta ficha.

FICHA DE LA EMPRESA

NOMBRE

SECTOR ECONÓMICO

SEDE PRINCIPAL

BREVE HISTORIA

EQUIPO HUMANO ¿De cuántos empleados consta? ¿Cuál es la edad media de sus empleados? ¿Qué porcentaje de mujeres trabajan en Banesto?

VISIÓN Y VALORES ¿Cuál es la visión empresarial de esta entidad financiera? ¿Cuáles son los siete valores que sustentan su filosofía empresarial?

ÁREAS DE NEGOCIO ¿Cuál es la actividad principal de Banesto? ¿Cuál es el objetivo de este banco en relación a las pymes?

PRODUCTOS

LO MÁS DESTACABLE ¿Te sorprende algo de este grupo bancario español? ¿Cuáles son sus puntos fuertes?

Léxico **B.** Las siguientes palabras han sido utilizadas en este vídeo. ¿Conoces su significado? Reflexiona y une cada término con su definición.

1 coste fijo **2** coste variable **3** cuenta de resultados **4** IPC

5 financiación **6** póliza de cobertura **7** tipo de interés

☐ Índice de precios de consumo, en el que se cotejan los precios de un conjunto de productos, representativo y comparable. Sirve para medir la evolución de los precios de los bienes y servicios. **A**

☐ Montante económico que representa la prestación de cualquier servicio y que no es sensible a pequeños cambios en los niveles de actividad, sino que permanece invariable ante esos cambios. **B**

☐ Índice porcentual utilizado para medir el coste de un crédito. **C**

☐ Aportación del dinero necesario para una actividad, o pago de los gastos que genera. **D**

☐ Documento contable en el que se recogen los ingresos y egresos que tiene la empresa durante el ejercicio económico; la diferencia de estos nos dará el beneficio o pérdida de la sociedad. **E**

☐ Contrato de seguro que cubre el conjunto de operaciones dirigidas a anular o reducir el riesgo financiero de una empresa. **F**

☐ Es aquel que se modifica de acuerdo a variaciones del nivel de actividad, se trate tanto de bienes como de servicios. Si el nivel de actividad decrece, este coste decrece, mientras que si el nivel de actividad aumenta, también lo hace esta clase de costes. **G**

DVD **C.** Con la información que has obtenido en el vídeo, ¿cuál es la principal ventaja que ofrece Banesto con su producto?

D. En parejas, con las informaciones que habéis obtenido de la web de Banesto y del reportaje, pensad y elaborad un nuevo producto financiero. Puede ser una póliza, un crédito, un depósito, o cualquier otro producto que os podáis imaginar. Podéis ser todo lo creativos que queráis.

Gestionalia

Ricardo San Marcos y Francisco Vaciero, fundadores del mayor grupo de consultores en asesoramiento de empresas en Asturias, nos cuentan cómo están desarrollando su nuevo negocio y cómo consiguen organizar el tiempo que dedican a su trabajo y a su familia.

 A. Infórmate en internet sobre Gestionalia y completa esta ficha.

FICHA DE LA EMPRESA

NOMBRE

SECTOR ECONÓMICO

SEDE PRINCIPAL

SERVICIOS

TAMAÑO DE LA EMPRESA ¿De qué empresa es filial Gestionalia? ¿Cuántos socios tiene?

SOCIOS ¿Cuántos socios tiene la empresa matriz?

MERCADO PRINCIPAL ¿Quiénes son sus clientes?

LO MÁS DESTACABLE ¿Hay algo que te sorprenda de esta empresa? ¿Cuáles son sus puntos fuertes?

B. Comprueba que has entendido los comentarios de los dueños de esta empresa respondiendo a estas preguntas:

1. ¿Cuándo les surgió a sus fundadores la idea de crear Gestionalia?
2. ¿En qué aspectos es distinta esta empresa comparada con otras del mismo sector de actividad?
3. ¿Por qué se consideran eficaces en su trabajo?
4. ¿Qué es lo que le cuesta más a Ricardo?
5. Según Francisco, ¿cómo se puede llevar una vida familiar estable cuando se es empresario?
6. ¿Cómo definen el espíritu emprendedor estos dos profesionales?

C. ¿Qué actividades concretas imaginas que realizan el Sr. San Marcos y el Sr. Vaciero cuando trabajan en su empresa? ¿Y cuando están con sus familias?

D. ¿Y tú? ¿Crees que administras bien tu tiempo? Coméntalo con tus compañeros.

 E. Para mejorar las prestaciones e impedir la saturación de llamadas, los directivos de Gestionalia han decidido modificar la consultoría *on line* proponiendo mayores datos útiles para los socios inscritos. ¿Qué cambiarías del sitio internet de Gestionalia para hacerlo más atractivo y eficiente?

La Farga Lacambra

LA FARGA LACAMBRA

Duración: 03' 03"

Oriol Guixà, consejero delegado de La Farga Lacambra, nos cuenta a qué se dedica su fábrica, cómo empezó y cuál ha sido su evolución hasta la actualidad.

 A. Infórmate en internet sobre La Farga Lacambra y completa esta ficha.

FICHA DE LA EMPRESA

NOMBRE

SECTOR ECONÓMICO

SEDE PRINCIPAL

BREVE HISTORIA

PRINCIPALES PRODUCTOS

TAMAÑO DE LA EMPRESA

RESPONSABILIDAD CORPORATIVA ¿Cuáles son los ocho ejes de la responsabilidad corportiva de esta empresa?

LO MÁS DESTACABLE ¿Qué es lo que más te ha sorpendido de esta empresa? ¿Cuál es su punto fuerte?

La Farga Lacambra

DVD **B.** ¿Has entendido el reportaje? Compruébalo completando las siguientes frases.

1. La Farga es una _____ que se dedica a la _____ de _____ .

2. Se inició en _____ .

3. Hay dos momentos importantes de expansión: uno fue en _____ , y el otro en _____ .

4. Esta compañía tuvo grandes dificultades que superó inventando _____ .

5. A lo largo de 200 años de trayectoria, la empresa ha pasado de _____ a _____ .

6. La empresa está presente en países como _____ .

7. En todo el mundo, el nombre de La Farga está vinculado a _____ .

C. Imagina que estas imágenes aparecen en un artículo periodístico sobre esta empresa. ¿Qué pie de foto pondrías a cada una de estas fotografías?

1. Nave industrial   **2.** Operario   **3.** Cadena de producción   **4.** Materia prima

A. _____

B. _____

C. _____

D. _____

 D. Busca en internet información sobre una empresa centenaria en tu región o país y elabora una breve historia.

D
Documentos
para el trabajo

Redactar un currículum vítae

Este es un modelo de currículum europeo. La misma plantilla es utilizada en toda la Unión Europea, lo que facilita su lectura e interpretación. Escribe tu currículum siguiendo este modelo. Puedes hacerlo desde la web de Europass.

Currículum Vítae Europass

Información personal

Apellido(s) / Nombre(s)	García Muiz, Javier
Dirección (direcciones)	c/ Lima, 71, 2.º, 1.ª 28036 Madrid
Teléfono(s)	(34) 91 522 34 93 Móvil: **678 60 61 22**
Correo(s) electrónico(s)	jgarciamuiz@difusion.com
Nacionalidad	española
Fecha de nacimiento	18.09.1981
Sexo	varón
Empleo deseado / familia profesional	traductor e intérprete

Experiencia laboral

Fechas	01.02.2008 - 31.10.2009
Profesión o cargo desempeñado	Traductor presencial y *free lance*
Funciones y responsabilidades principales	Traducción de textos en áreas de automoción, ingeniería y manuales técnicos en general (ing./jap.–esp.)
Nombre y dirección de la empresa o empleador	La Factoría de Palabras c/ La Peseta, 65, bjs. 28025 Madrid
Tipo de empresa o sector	Agencia de traducción
Fechas	05.11.2007–08.11.2007
Profesión o cargo desempeñado	Intérprete *free lance*
Funciones y responsabilidades principales	Intérprete en el I Encuentro hispano-japonés de empresas del sector automovilístico
Nombre y dirección de la empresa o empleador	Ministerio de Industria, Turismo y Comercio Madrid (España)
Fechas	01.02.2007–01.10.2007
Profesión o cargo desempeñado	Traductor
Funciones y responsabilidades principales	Tareas de traducción de guías de viaje y de libros divulgativos de diversas temáticas (ingl.–esp.) para diversas empresas internacionales
Nombre y dirección de la empresa o empleador	Translating & Consulting c/ Valencia, 458, 1.º, 1.ª 08013 Barcelona
Tipo de empresa o sector	Agencia de traducción

Educación y formación

Fechas	01.09.2001–30.06.2005
Cualificación obtenida	Licenciado en Traducción e Interpretación
Principales materias o capacidades profesionales estudiadas	Especialización en traducción humanístico-literaria del inglés al español; 2.ª especialización en traducción jurídico-económica del japonés al español
Nombre y tipo del centro de estudios	Universidad Complutense de Madrid (curso 2002 - 2003 en la Universidad de Kioto) (curso 2004 - 2005 en la University of Edinburgh)
Fechas	18.09.1981
Cualificación obtenida	Título de traductor jurado inglés - español
Nombre y tipo del centro de estudios	Ministerio de Asuntos Exteriores Madrid (España)
Fechas	01.10.1989–30.06.1994
Cualificación obtenida	Certificado de aptitud (C1) - Inglés
Nombre y tipo del centro de estudios	Escuela Oficial de Idiomas (Madrid)
Fechas	01.10.1999–30.06.2002
Cualificación obtenida	Certificado de aptitud (C1) - Japonés
Nombre y tipo del centro de estudios	Escuela Oficial de Idiomas (Madrid)

Capacidades y competencias personales

Idioma(s) materno(s) Español

Otro(s) idioma(s)

Autoevaluación

Nivel europeo (*)

	Comprensión			Habla			Escritura	
	Comprensión auditiva		Lectura	Interacción oral		Capacidad oral	Escritura	
inglés	C1	Usuario competente	C1	Usuario competente	C1	Usuario competente	C1	Usuario competente	C1	Usuario competente
japonés	C1	Usuario competente	C1	Usuario competente	C1	Usuario competente	B2	Usuario independiente	B2	Usuario independiente
francés	B2	Usuario independiente	B2	Usuario independiente	B1	Usuario autónomo	B1	Usuario autónomo	A2	Usuario básico

(*) Nivel del Marco Europeo Común de Referencia (MECR)

Capacidades y competencias sociales	Capacidad para el trabajo en equipo; adaptabilidad en ambientes multiculturales
Capacidades y competencias informáticas	Manejo de programas informáticos para la traducción como TRADOS, DéjaVu y Transit. También de subtitulación como Subtitle Workshop
Capacidades y competencias artísticas	Aficionado al cine y a la literatura. Gran interés por la cultura asiática
Permiso(s) de conducción	B1
Anexos	Programa del I Encuentro hispano-japonés de empresas del sector de la automoción.

Enviar una carta de presentación

> Javier envía una carta de presentación al dpto. de RR.HH. de una empresa que busca un traductor e intérprete de japonés-español. En dicha carta, Javier expone los motivos de su solicitud, adjunta su currículum e insta a sus interlocutores a que le permitan entrar en el proceso de selección.

Hernando Cuéllar Pérez
DEPARTAMENTO DE RR.HH.
KARISHIMA S.A.
Paseo de la Castellana, 89, planta 3
28046 MADRID

Javier García Muiz
c/ Lima, 71
28036 MADRID

Madrid, 25 de noviembre de 2009

Estimado Sr. Cuéllar:

En respuesta a su anuncio publicado el 18 de este mes en la web Cambiaridiomas, en el que solicita un traductor e intérprete de japonés - español para su sede en España, tengo el gusto de remitirle mi currículum vítae con el objetivo de participar en el proceso de selección.

Como podrá apreciar en mi CV, aunque soy joven, tengo experiencia en el mundo de la traducción y la interpretación y, más concretamente, en la traducción dirigida al sector industrial. Igualmente, he participado en diversas conferencias como intérprete simultáneo entre empresas españolas y japonesas, por lo que me siento capacitado para desempeñar las labores del cargo que proponen.

Dado el carácter internacional de su empresa, me gustaría resaltar que no me supondría ningún inconveniente desplazarme acompañando a sus directivos. Por el contrario, creo que puede ser una oportunidad para mejorar y evolucionar dentro de mi sector profesional, donde el intercambio cultural es de vital importancia.

Por estos motivos le solicito una entrevista para poder comentar mis aptitudes y contestar a cualquier pregunta que usted quiera plantearme.

A la espera de sus noticias, se despide atentamente,

Javier García Muiz

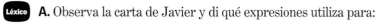

- En respuesta a su anuncio...
- ...tengo el gusto de remitirle...
- ...con el objetivo de...
- Como podrá apreciar en mi CV...
- ...tengo experiencia en...
- ...me siento capacitado para...
- ...me gustaría resaltar que...
- Por estos motivos le solicito...
- A la espera de sus noticias...
- ...se despide atentamente,

Léxico **A.** Observa la carta de Javier y di qué expresiones utiliza para:

1. Saludar formalmente.
2. Referirse al medio de comunicación en el que se publicó el anuncio de trabajo.
3. Expresar que es un placer para él hacerle llegar su candidatura.
4. Decir que tiene bastante práctica en su profesión.
5. Manifestar que se siente apto para ocupar el puesto ofrecido.
6. Destacar que está dispuesto a adquirir nuevas experiencias de carácter intercultural.
7. Pedir que se le conceda una entrevista.
8. Indicar que espera una pronta respuesta.
9. Despedirse formalmente.

B. Basándote en el modelo anterior y en las recomendaciones que se dan en la unidad para redactar cartas de solicitud de empleo, escribe una carta de solicitud que corresponda al anuncio de la actividad 2 de esta unidad (ingeniero de sistemas).

Redactar el acta de una reunión

La junta de accionistas de Ecoglass, S.L., una empresa dedicada a la comercialización de muebles de oficina, se ha reunido para aprobar la apertura de una nueva sucursal en Lugo. Después de la reunión se redacta un acta.

ECOGLASS S.A., c/Valencia, 458 Barcelona

ACTA LEVANTADA EN LA JUNTA DEL CONSEJO GENERAL DE ACCIONISTAS
CELEBRADA EL 25 DE MAYO DE 2009

En Barcelona, en el local de la calle Valencia, 248, previa convocatoria realizada por el presidente, siendo las 17.30 horas del 25.05.09 se reúne, en segunda convocatoria y en sesión extraordinaria, la junta general de accionistas de la empresa Ecoglass S.A., bajo la presidencia de Pedro Hinojosa Pérez y ejerciendo las funciones de secretario-administrador don Ángel Sáez Berlana, contándose con la presencia de la totalidad de los accionistas.

Lista de accionistas: Pedro Hinojosa Pérez, Raúl López Ramiro, Eduardo Vieytes López, Carmina Cazorla Jaro, Raúl Granero Jiménez, Unai Asensio Úbeda, Juana de la Red Arroyo y Ángel Sáez Berlana.

El presidente declara legalmente constituida la junta en segunda convocatoria, abriendo la sesión para tratar el siguiente:

ORDEN DEL DÍA

PUNTO ÚNICO: Aprobación de la apertura de una sucursal en Lugo.

Se informa, de conformidad con lo acordado en el punto cuarto de la junta anterior, que con fecha del 28.03.09 se encargó un estudio de mercado para la creación de una nueva sucursal en Lugo al gabinete técnico Asesores comerciales EFAT.

Se da lectura del informe emitido por el gabinete técnico y se indica que, a la vista de la ausencia de una empresa que ejerza una posible competencia y ante la posibilidad de abrir un mercado en expansión, el un informe sobre la viabilidad de abrir una nueva sucursal de la empresa en Lugo es favorable.

Expuesto lo anterior, se informa de que se pidieron presupuestos para la compra de un inmueble, siendo este el motivo por el que el presidente, Pedro Hinojosa Pérez, con la finalidad de informar al resto de accionistas al respecto, celebró una reunión para exponer los pasos que se habían venido dando y solicitar de esta junta. Le corresponde entonces a esta junta decidir sobre las propuestas que se hagan.

El presidente concede la palabra al Sr. Asensio quien expone que, a su juicio, el informe elaborado por el gabinete técnico debería haber recogido la cuota de mercado que le restaría esta nueva sede a la sede de Barcelona.

Propone, por tanto, que se consideren estos aspectos antes de votar la viabilidad de la nueva sucursal de Lugo y para ello solicitar los servicios de otra asesoría.

Tras las intervenciones que se suceden, se manifiesta que no es necesario realizar un nuevo estudio de mercado con otro gabinete técnico, pasando el presidente a someter a la decisión de la junta la propuesta siguiente:

¿Se aprueba por la junta de accionistas realizar las gestiones que procedan para crear una nueva sede en la ciudad de Lugo dado el informe favorable presentado por el gabinete técnico Asesores comerciales EFAT?

Realizada la votación, el resultado que se obtiene es el siguiente:

Votos a favor: 5   Votos en contra: 1   Abstenciones: 2

Con cinco votos a favor y uno en contra, se aprueba por MAYORÍA la propuesta realizada por el presidente.

Y sin más asuntos a tratar, el presidente levanta la sesión a las 19:45 horas del día de iniciación, de lo que como secretario de la junta, con su visto bueno, CERTIFICO

Leído y aprobado
Pedro Hinojosa Pérez

Leído y aprobado
Ángel Sáez Berlana

A. Lee el acta, observa su estructura y responde a las preguntas.

1. ¿Por qué motivo se ha celebrado esta reunión?
2. ¿Fue la primera o la segunda reunión de este tipo que se celebró?
3. ¿Cuántos eran los accionistas presentes?
4. ¿Quién abrió la sesión?

Léxico

B. ¿Cómo traducirías las siguientes palabras o expresiones a tu idioma?

1. acta
2. convocatoria
3. accionista
4. orden del día
5. viabilidad
6. estudio de mercado

- ...se reúne en segunda convocatoria...
- ...bajo la presidencia de...
- ...ejerciendo las funciones de secretario...
- ...tratar el siguiente orden del día:
- Se da lectura de...
- Expuesto lo anterior...
- Se informa de que...
- El presidente concede la palabra a...
- Se manifiesta que..
- El presidente pasa a someter a la decisión de...
- El resultado que se obtiene es el siguiente:
- Se aprueba por mayoría la propuesta...
- ...el presidente levanta la sesión

Enviar agradecimientos

Fernando le escribe a Alicia para darle las gracias por todo lo que ella ha hecho por él.

La Sra. García le escribe al Sr. Quesada para agradecerle su colaboración.

De: Fernando Ribera
Para: Alicia Rodero
Asunto: Gracias

Hola Alicia:

¿Qué tal? Te escribo simplemente para darte las gracias por todas las molestias que te has tomado, no hacía falta, pero te lo agradezco mucho. Todas las fotos que me has enviado me han venido muy bien para hacer la presentación.

No hace falta decirte que si necesitas algo de mí departamento, o si yo personalmente te puedo ayudar en algo, no dudes en pedírmelo. A ver si hacemos un hueco en nuestras agendas y podemos quedar para comer. Te llamo en un par de días y hablamos.

¡Gracias de nuevo!

Un fuerte abrazo,

Fernando

De: Manuela García
Para: Raúl Quesada
Asunto: Agradecimiento

Estimado Sr. Quesada:

Quisiera expresarle mi más sincero agradecimiento por su colaboración en la organización de los diferentes eventos que han constituido el lanzamiento y la publicidad de nuestra nueva colección de productos. El cuidado de los detalles y la atención a nuestros invitados no han sido podido ser mejores, al igual que la organización en su conjunto, que ha sido llevada con gran profesionalidad. Debo decirle que hemos quedado muy satisfechos.

Por esta razón, le hacemos partícipe de nuestro agradecimiento y confiamos en que podamos contar con su colaboración para futuros proyectos.

Reciba un saludo muy cordial,

Manuela García Osorio
Departamento de Marketing
INTAX, S.A.
c/ Magallanes, 7
28223 MADRID

- Te escribo para darte las gracias por...
- ...no hacía falta...
- ...te lo agradezco mucho...
- No hace falta decirte que si necesitas algo...
- ...no dudes en pedírmelo
- Gracias de nuevo.

- Quisiera expresarle mi más sincero agradecimiento por...
- Debo decirle que hemos quedado muy satisfechos
- ...le hacemos partícipe de nuestro agradecimiento...
- ...confiamos en que podamos contar con su colaboración...
- Reciba un saludo muy cordial,

A. Concretamente, ¿qué le agradece Fernando a Alicia? ¿Y la Sra. García al Sr. Quesada?

B. ¿Cuál de los dos modelos de agradecimientos es más informal? ¿En qué palabras o expresiones encuentras signos de informalidad?

C. En la actividad 11 de la unidad 2, el Sr. Martínez, gerente encargado de la formación en Iberbanca, S.A., había enviado una carta a todos sus empleados en la que les informaba de que todos debían adoptar el español como lengua de trabajo. Imagina que los empleados han seguido el cursillo de perfeccionamiento y todos han logrado el objetivo que proponía la compañía. Escribe el correo que el Sr. Martínez les envía para agradecerles el esfuerzo realizado.

Adela Martín, responsable de Marketing y comunicación de la revista *A la moda*, está organizando un evento para presentar un número especial de su publicación y se pone en contacto con una empresa de *catering* para informarse sobre los servicios que ofrecen.

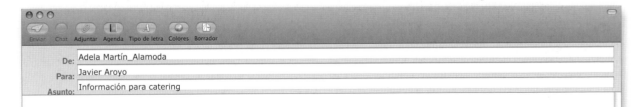

De: Adela Martín_Alamoda

Para: Javier Aroyo

Asunto: Información para catering

Estimado Sr. Arroyo:

Mi nombre es Adela Martín y trabajo para la revista *A la moda*. Para la presentación del próximo número de la revista queremos organizar un acto al que invitaremos a algunas personalidades importantes del mundo de la moda de nuestro país. Me pongo en contacto con usted porque nos gustaría contar con su empresa para la organización del evento. Se trataría de un cóctel con algo para picar que empezaría sobre las 8 h de la tarde y terminaría sobre las 9.30 h. Prevemos una asistencia de unas 100 personas.

Por esta razón, me gustaría que me enviara por correo electrónico los detalles de los servicios que su empresa ofrece, así como la lista de precios de su servicio de *catering* y del alquiler de su salón de actos. Además, me gustaría saber si ofrecen la posibilidad de alquilar micrófonos y equipo de sonido para la presentación.

Dado el límite de tiempo al que nos vemos sujetos (el acto tendrá lugar dentro de un mes, el 15 de diciembre), si fuera posible, le rogaríamos que nos enviara la información con la mayor brevedad posible.

Le expreso de antemano mi agradecimiento por su atención.

Un cordial saludo,

Adela Martín Hoyos
Marketing y comunicación A LA MODA
Ediciones Atenea, S.A.
c/ Rosario 45, 2.ª planta
Madrid
Tel.: 912 57 46 30 ext. 310
Fax: 934 58 61 96

- queremos organizar
- Me pongo en contacto con usted porque nos gustaría...
- se trataría de...
- Por esta razón, me gustaría que me enviara...
- me gustaría saber si ofrecen la posibilidad de...
- si fuera posible, le rogaríamos que nos enviara...

A. ¿Encuentras alguna cosa sorprendente en este correo electrónico? ¿Hay algo que sería diferente en tu país?

B. ¿Podrías identificar, en este correo electrónico, las siguientes partes?

- encabezamiento
- detalles de la petición
- motivo
- destinatario
- despedida
- emisor
- observaciones

C. ¿Recuerdas a Susana, de la actividad 9 de la unidad 3? Imagina que, finalmente, ha aceptado su puesto y ahora empieza a organizar la nueva oficina. Redacta una petición de información para una empresa de venta de mobiliario de oficinas, teniendo en cuenta que necesita montar un local totalmente nuevo. Ten en cuenta el modelo de esta página.

Concertar una cita

1. CITA PRIVADA. Alberto estará próximamente en Madrid por motivos profesionales y le escribe a Yolanda, una amiga, para quedar con ella.

2. CITA PROFESIONAL. El Sr. Mateos estará próximamente en Madrid por motivos profesionales y desea encontrarse con el Sr. López. Le escribe para fijar una cita proponiéndole un día y una hora que podrían cambiar según la conveniencia del Sr. López.

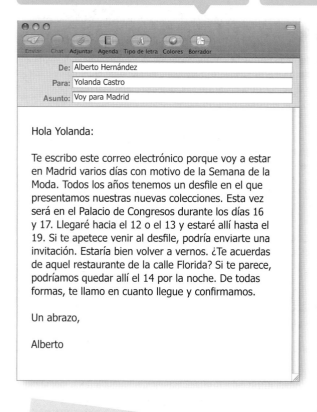

De: Alberto Hernández
Para: Yolanda Castro
Asunto: Voy para Madrid

Hola Yolanda:

Te escribo este correo electrónico porque voy a estar en Madrid varios días con motivo de la Semana de la Moda. Todos los años tenemos un desfile en el que presentamos nuestras nuevas colecciones. Esta vez será en el Palacio de Congresos durante los días 16 y 17. Llegaré hacia el 12 o el 13 y estaré allí hasta el 19. Si te apetece venir al desfile, podría enviarte una invitación. Estaría bien volver a vernos. ¿Te acuerdas de aquel restaurante de la calle Florida? Si te parece, podríamos quedar allí el 14 por la noche. De todas formas, te llamo en cuanto llegue y confirmamos.

Un abrazo,

Alberto

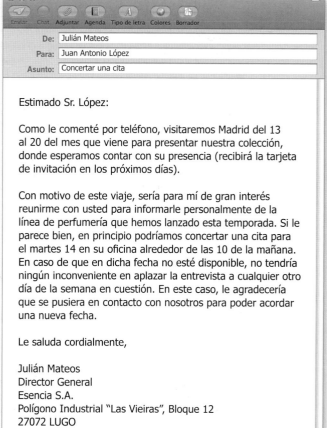

De: Julián Mateos
Para: Juan Antonio López
Asunto: Concertar una cita

Estimado Sr. López:

Como le comenté por teléfono, visitaremos Madrid del 13 al 20 del mes que viene para presentar nuestra colección, donde esperamos contar con su presencia (recibirá la tarjeta de invitación en los próximos días).

Con motivo de este viaje, sería para mí de gran interés reunirme con usted para informarle personalmente de la línea de perfumería que hemos lanzado esta temporada. Si le parece bien, en principio podríamos concertar una cita para el martes 14 en su oficina alrededor de las 10 de la mañana. En caso de que en dicha fecha no esté disponible, no tendría ningún inconveniente en aplazar la entrevista a cualquier otro día de la semana en cuestión. En este caso, le agradecería que se pusiera en contacto con nosotros para poder acordar una nueva fecha.

Le saluda cordialmente,

Julián Mateos
Director General
Esencia S.A.
Polígono Industrial "Las Vieiras", Bloque 12
27072 LUGO

- Te escribo porque...
- Llegaré hacia el...
- ...estaré allí hasta el...
- Si te apetece...
- Estaría bien...
- Si te parece, podríamos quedar...
- ...te llamo en cuanto llegue...

- Como le comenté por teléfono...
- ...esperamos contar con su presencia.
- ...sería para mí de gran interés reunirme con usted para...
- Si le parece bien, podríamos concertar un cita para... en...
- ...no tendría ningún inconveniente en aplazar la entrevista...
- ...le agradecería que se pusiera en contacto con... para...

A. Responde a las preguntas.

1. ¿Para qué van a Madrid Alberto y el Sr. Mateos?
2. ¿Cuántos días estarán allí?
3. ¿Cuándo y dónde quieren reunirse con sus interlocutores?

B. Trabajas en una empresa que se dedica a la moda y vas a estar en Madrid durante la Semana de la Moda. Quieres reunirte con Alberto Hernández para una posible compra de algunos de sus nuevos modelos. Escríbele para concertar una cita.

Hacer una reclamación

El Sr. Santos acaba de verificar el contenido del envío de la Sra. Muñoz y, lamentablemente, no coincide con el pedido realizado. El Sr. Santos le escribe para reclamarle que retire los artículos equivocados, que cambie la mercancía defectuosa y que envíe los artículos que faltan.

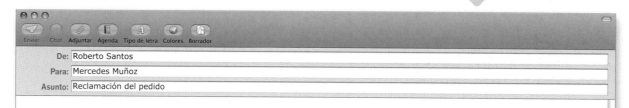

De: Roberto Santos
Para: Mercedes Muñoz
Asunto: Reclamación del pedido

Estimada Sra. Muñoz:

En relación al el envío recibido el 14 de julio, y una vez comprobado el contenido de la mercancía, hemos podido constatar que los productos enviados no corresponden con el pedido realizado.

El problema es que habiendo solicitado 24 unidades del modelo Escritorio QUETPAREC para oficina color negro, solamente hemos recibido 12. Las 12 unidades restantes son del mismo modelo pero de color blanco. Y no solo eso, sino que la cantidad solicitada de sillas y lámparas no coincide con la mercancía recibida. Además, 50 de las 125 estanterías, están dañadas o tienen defectos de fabricación.

A continuación le envío una relación de los productos equivocados o en mal estado.

Modelo	Color	Cantidad recibida	Cantidad solicitada
Escritorio QUETPAREC para oficina	Negro	12	24
Escritorio QUETPAREC para oficina	Blanco	12	0
Silla LACLU para oficina	Rojo/Metal	48	24
Lámpara MONAMUL para oficina	Verde/Metal	48	24
Estantería BELET metal*	Metal	125	125

* 50 unidades en mal estado o defectuosas

Le ruego que verifiquen la lista de pedidos y se pongan en contacto conmigo lo más pronto posible. Puesto que estamos a pocos días de inaugurar la nueva oficina, y con la finalidad de solucionar este problema lo antes posible, le insto a que nos sea remitido con la mayor celeridad posible el pedido tal como se había acordado y a que retire los artículos defectuosos o equivocados.

Cordialmente,

Roberto Santos
Ecoglass S.A.
Valencia, 458, 3.º-1.ª
08013 BARCELONA
Tel.: 934 58 61 96

- En relación al envío...
- ...una vez comprobado...
- ...los productos enviados no corresponden con...
- El problema es que...
- ...la cantidad solicitada no coincide con...
- ...tienen defectos de fabricación.
- Le ruego que verifiquen...
- ...con la finalidad de solucionar este problema...
- ...le insto a que...

A. Responde a las preguntas.

1. ¿Cuándo recibió la mercancía que comprobó el Sr.Santos?
2. ¿Qué artículos están dañados y qué artículos faltan?
3. ¿Qué le pide el Sr. Santos a la Sra. Muñoz?

B. Te acabas de comprar una cámara de fotos. Al llegar a tu casa, compruebas que no funciona. Regresas a la tienda y el dependiente te dice que tienes que hacer una carta de reclamación a la compañía que las produce. Escribes al servicio de posventa para reclamar un envío urgente de una cámara y, si es posible, un descuento por los perjuicios causados.

Redactar un informe

Argentina ha experimentado un notable incremento en el sector turístico. Una oficina que se ocupa de hacer estudios económicos y comerciales ha elaborado un informe sobre la situación en la que se encuentra el turismo en este país por encargo de una multinacional hotelera.

SITUACIÓN DEL TURISMO EN ARGENTINA. AÑOS 2006 - 2009

SUBE EL TURISMO EXTRANJERO

Además del interés natural que presenta el turismo en Argentina por la originalidad, la diversidad y la riqueza del país, la principal causa de su desarrollo es la fuerte devaluación de su moneda, que sacó a la Argentina de la lista de países caros –en especial para norteamericanos y europeos.

Según datos de la Secretaría de Turismo de la Nación, durante el año 2007, el número de visitantes extranjeros se incrementó en un 15% con respecto a 2006. Los principales países de procedencia fueron Brasil, Estados Unidos, Chile, España e Italia. La mayoría de estos turistas llegan al país por vía aérea. Las estadísticas indican que el gasto total de estos viajeros en hoteles se situó en 907 millones de dólares, lo que supone una subida del 23% en relación al gasto del año anterior. Más de la mitad de este gasto fue dirigido a establecimientos de cuatro y cinco estrellas. El gasto promedio de los turistas durante su estancia en el país fue de 1550 dólares por persona.

En lo que respecta a 2008, durante los 9 primeros meses del año, visitaron Argentina 9 468 431 turistas extranjeros, lo cual provocó un incremento de 4,27% respecto al mismo periodo de 2007. El gasto total de los turistas extranjeros durante este periodo ascendió a 3324,5 millones de dólares, lo que significa un aumento del 13,27% respecto al año anterior.

EL BOOM DE LAS INVERSIONES TURÍSTICAS

Los datos anteriores confirman el excelente momento del turismo en Argentina. El movimiento de dinero que genera el turismo, tanto doméstico como extranjero, alcanza niveles considerables. El sector está en plena expansión y es ahora, en tiempos de desarrollo, cuando es conveniente invertir para promocionar el país como destino turístico y, así, tornar sostenible esta tendencia. La actividad mantiene un crecimiento de alrededor del 12% y los niveles récord de visitantes extranjeros están motivando el fortalecimiento de la oferta y haciendo aparecer nuevas oportunidades.

En Argentina el turismo es uno de los sectores que más inversiones está atrayendo. En 2007, recibió inversiones privadas y públicas por valor de 5177 millones de dólares, correspondientes al 8,8% de las inversiones totales en la economía (por encima del promedio de América

Latina). Estos datos se desprenden de un estudio elaborado por el Consejo Mundial de Viajes y Turismo (WTTC). En este informe se estima que, en una década, los desembolsos en el sector crecerán un 82,7%. Según fuentes oficiales, se están construyendo 250 nuevos hoteles que mueven inversiones privadas por 465 millones de euros.

EL TURISMO VERANIEGO SE MANTIENE

A pesar de la crisis internacional, la costa argentina ha registrado unos buenos niveles de ocupación. Aunque numerosos establecimientos han debido recurrir a descuentos y ofertas para atraer a clientes, finalmente se alcanzaron durante el mes de enero cifras similares a las registradas en el mismo mes del año anterior. Estas cifras confirman la buena situación del turismo interno que, junto a la gran afluencia de visitantes extranjeros, ha contribuido al desarrollo del sector en los últimos años.

ARGENTINA SE CONSOLIDA COMO CENTRO DE ATRACCIÓN DEL TURISMO DE CRUCEROS

Según las previsiones oficiales, durante los primeros cuatro meses de 2009, la temporada fuerte de cruceros en el hemisferio sur, está previsto que unos 260 000 turistas visiten Argentina durante la escala de cruceros en los puertos del país. Los principales destinos son los puertos de Buenos Aires y Ushuaia. Esta cifra implica un crecimiento del 26% en el número de viajeros respecto a los 206 828 visitantes que llegaron a Argentina en crucero en el mismo periodo de 2008.

- Además de...
- En lo que respecta a...
- Según datos de...
- Más de la mitad de...
- ...durante el año...
- Estos datos se desprenden de...
- ...se incrementó...
- En este informe se estima que...
- ...con respecto a...

- Estas cifras confirman...
- La mayoría de...
- ...se consolida como...
- Las estadísticas indican que...
- Según las previsiones...
- ...lo que supone/significa...
- Está previsto que...
- ...en relación a...
- Esta cifra implica...

 A. Sitúa los siguientes verbos en el texto, subráyalos y observa con qué tipo de palabras y estructuras se usan.

- incrementarse
- generar
- alcanzar
- estimarse
- contribuir
- registrar
- mover
- confirmar
- situarse
- desprender
- suponer
- dirigir
- ascender
- mantener
- atraer

B. Investiga sobre la situación del turismo en tu país y trata de redactar un breve informe imitando este modelo. Puedes también elegir otro tema relacionado con tu país.

Hacer una oferta comercial

La Sra. Montes, directora de ventas de Clima, S.A., envía una oferta comercial al Sr. Gómez, explicándole la utilidad y la novedad de sus productos e instándole a aprovechar la ocasión para solicitar cualquier información.

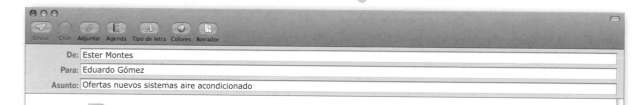

De: Ester Montes

Para: Eduardo Gómez

Asunto: Ofertas nuevos sistemas aire acondicionado

catalogo09.pdf(2,8MB)

Estimado Sr. Gómez:

Cómo usted bien sabe, nuestra empresa de fabricación e instalación de sistemas de aire acondicionado para oficinas, Clima, S.A., está siempre innovando e investigando en nuevos productos para poder satisfacer las necesidades de nuestros clientes.

Por esta razón, y dado que en los últimos años ciertos aparatos de aire acondicionado han causado problemas de salud entre los trabajadores debido a una deficiente depuración del aire, hemos diseñado un novedoso sistema de filtros para depurar el aire que entra en las salas de trabajo. De esta forma, el personal de su empresa podrá respirar un aire más limpio, evitando ciertos trastornos en el sistema respiratorio y alergias.

Tras una larga trayectoria en el mercado europeo, nos hemos consolidado en el mercado nacional donde somos número uno en ventas. Contamos con una red de servicios posventa en todas las grandes ciudades del país, donde disponemos de un completo equipo técnico.

Le adjuntamos información detallada de nuestros nuevos productos además de todas nuestras ofertas. No desaproveche esta oportunidad y no dude en consultarnos, ya sea por teléfono o por correo electrónico, para poderse informar personalmente.

Reciba un saludo cordial,

Ester Montes Pérez
Directora de Ventas
Clima, S.A.
Tel.: 981 56 42 44
Fax. 981 138526

- …satisfacer las necesidades de nuestros clientes.
- Tras una larga trayectoria en…
- …nos hemos consolidado en el mercado…
- …somos número uno en ventas.
- Contamos con una red de servicios posventa en…
- Le adjuntamos información detallada de…
- No desaproveche esta oportunidad y…
- …no dude en consultarnos

A. Responde a las preguntas.

1. ¿En qué cosiste la oferta de la Sra. Montes?
2. Clima, S. A., ¿es una empresa de reciente creación o con mucha experiencia en el sector?
3. ¿Cuáles son las ventajas comerciales de la compañía?

B. Observa esta oración del último párrafo: «No desaproveche esta oportunidad y no dude en consultarnos». ¿Cómo dirías lo mismo de manera afirmativa?

C. Imagina que el plan de empresa que se presenta en la actividad 1 de la unidad 5 ha tenido éxito. Piensa en un nombre para la empresa y redacta una oferta comercial dirigida a un posible cliente.

Pedir un presupuesto

El Sr. Santos, de Pacocar S.A., tiene pensado darle una nueva imagen corporativa a su empresa de alquiler de vehículos. Para ello, contacta con la Sra. Verdía, responsable de una agencia de publicidad, y le pide un presupuesto detallado que incluya los gastos de creación y de publicidad.

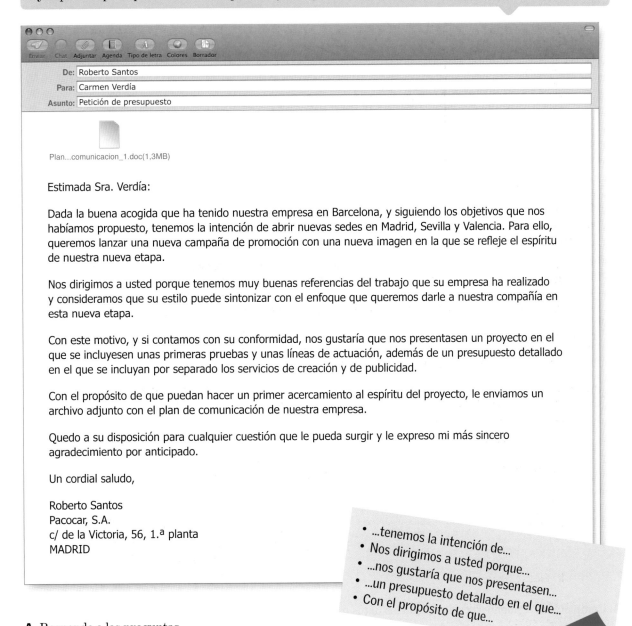

De: Roberto Santos

Para: Carmen Verdía

Asunto: Petición de presupuesto

Plan...comunicacion_1.doc(1,3MB)

Estimada Sra. Verdía:

Dada la buena acogida que ha tenido nuestra empresa en Barcelona, y siguiendo los objetivos que nos habíamos propuesto, tenemos la intención de abrir nuevas sedes en Madrid, Sevilla y Valencia. Para ello, queremos lanzar una nueva campaña de promoción con una nueva imagen en la que se refleje el espíritu de nuestra nueva etapa.

Nos dirigimos a usted porque tenemos muy buenas referencias del trabajo que su empresa ha realizado y consideramos que su estilo puede sintonizar con el enfoque que queremos darle a nuestra compañía en esta nueva etapa.

Con este motivo, y si contamos con su conformidad, nos gustaría que nos presentasen un proyecto en el que se incluyesen unas primeras pruebas y unas líneas de actuación, además de un presupuesto detallado en el que se incluyan por separado los servicios de creación y de publicidad.

Con el propósito de que puedan hacer un primer acercamiento al espíritu del proyecto, le enviamos un archivo adjunto con el plan de comunicación de nuestra empresa.

Quedo a su disposición para cualquier cuestión que le pueda surgir y le expreso mi más sincero agradecimiento por anticipado.

Un cordial saludo,

Roberto Santos
Pacocar, S.A.
c/ de la Victoria, 56, 1.ª planta
MADRID

- ...tenemos la intención de...
- Nos dirigimos a usted porque...
- ...nos gustaría que nos presentasen...
- ...un presupuesto detallado en el que...
- Con el propósito de que...

A. Responde a las preguntas.

1. ¿Cuáles son las intenciones del Sr. Santos para su empresa?
2. ¿Por qué ha elegido a esta agencia de publicidad?
3. ¿Qué quiere que contenga el presupuesto?

B. ¿Recuerdas la empresa o la ONG que habéis creado en la actividad 9 de la unidad 5? Escribe a una agencia de publicidad y pide un presupuesto dando el máximo de detalles posible para que creen una imagen corporativa para vuestra empresa.

Entregar una factura

Telenet, una compañía de telefonía, envía una factura a uno de sus clientes para cobrar los servicios prestados.

Telenet.es

Nº de cliente:	1941701	**Datos postales del cliente:**
Nº de factura:	TE09371000419	Álvaro Muñiz García
Fecha de emisión:	01 Julio 2009	c/ Pacheco, 50, esc. izda., 3.º, C
Periodo facturado:	01.05.2009 - 01.06.2009	28002 Madrid

Datos del cliente:

Nombre:	Álvaro Muñiz García
Dirección:	c/ Pacheco, 50 esc. izda., 3.º, C 28002 Madrid
NIF/CIF:	53868158K

Datos bancarios: (pago por domiciliación bancaria)

Titular:	Álvaro Muñiz García
Banco o caja:	Cajabank
Código cuenta cliente (CCC):	0034 3241 38 28059905487

Servicios facturados:	Importe
Servicio Acceso ADSL:	**19.99 €**
- Acceso internet	incluido
- TV cable	Incluido
- Línea teléfono fijo	Incluido
Consumo Llamadas Teléfono Fijo:	**7, 32 €**
Base Imponible:	**27,31 €**
IVA 16%	**4,37 €**
Total a pagar:	**31,68 €**

Telenet.es

c/ Velázquez, 35 28001 - Madrid. Inscrita en el Registro Mercantil Tomo 12.321, Libro 0, Sección 8, Hoja M-214879. Inscripción: 1.ª
NIF: A-82044466

- Número de cliente/factura
- NIF o CIF (número de identificación fiscal)
- Fecha de emisión
- Periodo facturado
- Datos postales
- Datos bancarios
- Titular
- Servicios facturados
- IVA (impuesto sobre el valor añadido)
- Base imponible
- Total a pagar

A. Completa las siguientes oraciones con los datos que faltan.

1. Esta factura corresponde a gastos de...
2. Fue emitida el... y cubre un periodo de... mes, desde el... hasta el...
3. La empresa prestataria de servicios tiene su sede en...
4. El cliente pagará el monto adeudado en forma directa a través de una...
5. A la base imponible se le agrega un 16% en concepto de...

B. Observa todos los datos que aparecen en esta factura. ¿Hay algo que te llame la atención? ¿Son iguales las facturas en tu país?

Informar sobre modalidades de pago

El Sr. Martín le escribe a la Sra. Sanz para informarle sobre las modalidades de pago en relación al pedido que la clienta le había pasado.

Enviar Chat Adjuntar Agenda Tipo de letra Colores Borrador

De: Gonzalo Martín
Para: Eulalia Sanz
Asunto: Modalidades de pago

Estimada Sra. Sanz:

Me dirijo a usted para informarle, tal y como me había solicitado, de las diferentes modalidades de pago con las que solemos trabajar. Dado que el importe del pedido que su empresa nos ha encargado es superior a 1000 €, los pagos se podrán realizar bien a través de una transferencia a nuestra cuenta del Banco Cajabank o bien por cheque bancario remitido a nuestro departamento de Contabilidad.

El pago se podrá efectuar en una sola vez o fraccionado en tres partes. En caso de que se elija la modalidad de pago fraccionado, los tres pagos se repartirán en un periodo no superior a seis meses y se realizarán a través de domiciliación bancaria.

Le ruego se pongan en contacto con nosotros para comunicarnos la modalidad de pago a la que quieren acogerse. Si desea cualquier información suplementaria, estaré encantado de atenderles.

Cordialmente,

Gonzalo Martín
Departamento de Contabilidad
Agencia de Publicidad S.A.
c/ Velázquez, 48
VALENCIA

- Me dirijo a usted para informarle de...
- ...diferentes modalidades de pago...
- ...el importe supera..
- ...los pagos se podrán realizar a través de...
- ...transferencia...
- ...cheque bancario... remitido a...
- El pago se podrá efectuar...
- ...fraccionado...
- ...a través de domiciliación bancaria
- ...la modalidad de pago...

A. Responde a las preguntas.

1. ¿Qué le había solicitado la Sra. Sanz al Sr. Martín?
2. ¿Por qué le ofrece dos modalidades de pago?
3. En caso de pagar con cheque, ¿dónde deberá remitirse?

 B. ¿Cómo se traducen a tu idioma las siguientes palabras?

- el cheque
- la modalidad de pago
- la domiciliación bancaria
- el pago fraccionado
- el importe
- la transferencia

C. Trabajas en el departamento de Contabilidad de Energisol S.L. Le escribes a tu cliente, Instalaciones Fotovoltaicas de Andalucía S.L., para comunicarle que, debido a una reestructuración del departamento, las modalidades de pago han cambiado: a partir de ahora, el periodo de pagos fraccionados no podrá exceder los tres meses. Redacta la carta.

Reclamar pagos

El Sr. Martín le escribe a la Sra. Sanz para advertirle de que el cobro previsto no se ha podido efectuar y para instarle a que se ponga en contacto con él para resolver el problema.

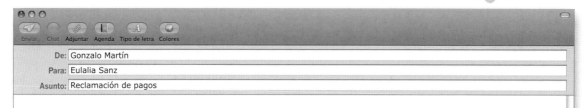

Enviar Chat Adjuntar Agenda Tipo de letra Colores

De: Gonzalo Martín
Para: Eulalia Sanz
Asunto: Reclamación de pagos

Estimada Sra. Sanz:

Me permito ponerme en contacto con usted para informarle de que hemos tenido un problema en el último plazo del pago con fecha del 12 de enero concerniente a la factura del pedido nº 0001. Dicho pago nos ha sido devuelto por su entidad bancaria. A fecha de hoy, su saldo con nosotros es debitario de 1150 € habiéndose efectuado el cobro, sin complicación alguna, de los dos anteriores recibos por una suma de 2300 €.

Dicho cobro ha sido pasado a la cuenta siguiente:

Nº cuenta 0059 4167 57 1984003387 Cajabank
Capital pendiente: 1150 €

No dudo de que se trata de una confusión, por lo que le ruego se ponga en contacto conmigo lo antes posible para poder resolverla.

Atentamente,

Gonzalo Martín
Departamento de Contabilidad
Agencia de Publicidad, S.A.
C/ Velázquez, 48
VALENCIA

- Me permito ponerme en contacto con usted para informarle de que...
- ...hemos tenido un problema en el último plazo del pago...
- ...concerniente a la factura de...
- El pago nos ha sido devuelto...
- Su saldo con nosotros es debitario de...
- Dicho cobro noha sido pasado a la cuenta...
- Capital pendiente...
- No dudo de que se trata de una confusión...

A. Responde a las preguntas.

1. ¿Qué problema ha tenido el Sr. Martín?
2. ¿A cuánto asciende la suma que debe la Sra. Sanz al Sr. Matín?
3. ¿Qué quiere el Sr. Martín que haga la Sra. Sanz?

 B. ¿Podrías traducir las siguientes palabras a tu idioma?

- el cobro
- el plazo
- la celeridad
- la factura
- el pago
- el saldo
- la cuenta
- la suma

C. En Servilimpio, S.L., se ha registrado un error en el cobro de la factura n° 07421 correspondiente al último pedido de Jiménez Hoteles. Dicha factura ascendía a un monto total de 1555 € y el responsable del hotel ha enviado un cheque por un valor de 1505 €. El encargado de cobros de Servilimpio, S.L. le escribe al Sr. Jiménez para reclamar el pago de la suma adeudada.

En el momento de entregar la mercancía a su cliente, Matox, S.A. remite un albarán como justificante de la entrega del material vendido.

MATOX S.A.

Dirección de entrega:	Cliente:
Ecoglass, S.A.	Ecoglass, S.A.
c/ Valencia, 248, 3.º, 1.ª	c/ Valencia, 248, 3.º, 1.ª
08013 Barcelona	08013 Barcelona
Álvarez, José Tel.: 937 15 43 95	

Tipo de documento	Número	Fecha	Hora
Albarán	04/ 7651	20/11/09	10:25

Nº de cliente	C.I.F./N.I.F.	Pedido por:	Atendido por:
C05884	10597788E	José Álvarez	Sonia Martín

Nº/Ref.	Forma de pago	Ejem	Hoja	Bultos	Peso
99	Transferencia	1	1	11	80 kg

Cod. artículo	Descripción	Cantidad	Importe €
33018	Paquete Folios Blancos 500 A3 Matox	10	35
33789	Carpeta cartón rojo A3 Matox	45	120
33456	Boli. Azul Pic Fino	100	50
46773	Silla Comod Verde	10	300
36789	Cartucho Tinta Color 22 Matox	5	100
36757	Cartucho Tinta Blanco/Negro 19 Matox	5	80
33078	Paquete Sobre Marrón A3 100 Matox	10	5

Importe		
Base imponible		690,00
IVA 16%		110,40
Total a pagar		**800,40**

Preparador	Expedidor	Firma y sello del cliente:

MATOX S.A.

R.M. de Madrid, Tomo 976, General 197, Sección 4.ª, Folio 46, Hoja 1086, Inscripción 9.ª C.I.F.: B-28035163 – Dom. Social: c/ Atocha, 108, 28012 Madrid.

- Dirección de entrega
- Número de cliente
- Atendido por
- Número de referencia
- Forma de pago
- Nº de bultos
- Peso
- Importe total a pagar
- Preparador del pedido
- Expedidor del pedido
- Firma y sello del cliente
- Base imponible

Completa estas oraciones con los datos que faltan.

1. En el apartado «Descripción» figura la lista de .... que se pidieron.

2. Se enviaron once .... que pesaban ....

3. La mercancía se pagará por medio de una .... El total a pagar es de .... Este importe comprende una .... de 690 euros, a la cual se agrega un 16% en concepto de ....

4. En este tipo de documentos deben aparecer el nombre del .... y del .... , así como la .... del cliente.

Informar sobre condiciones de entrega

La Sra. Rojas, directora de ventas de la Fortex Hispana, S.A., le escribe al Sr. Ramírez de Comisana, S.L. para informarle de las condiciones de entrega de su pedido.

De: Ana Rojas
Para: Alejandro Ramírez
Asunto: Condiciones de entrega

Estimado Sr. Ramírez:

En respuesta a su último correo electrónico en el que nos solicitaba que le informásemos de las condiciones de entrega del pedido, me complace comunicarle que estamos de acuerdo con los plazos estipulados. Comprendemos y compartimos su interés porque la entrega se realice en la mayor brevedad posible debido a las necesidades del mercado.

La entrega se realizará dentro del plazo fijado de quince días contando desde la fecha de hoy. En cuanto hayamos transferido el pedido al equipo de producción, se requieren doce días para completar la totalidad de la fabricación de los productos. Una vez fabricados los productos, se lleva a cabo su embalaje y la mercancía está lista para ser transportada.

Como acordamos, el coste de transporte de la mercancía irá a cargo de nuestra empresa. El envío se hará a través de AXT S.A., la compañía de transporte con la que acostumbramos a colaborar. La entrega se efectuará en sus oficinas de Santander.

Para cualquier información complementaria no dude en consultarnos.

Cordialmente,

Ana Rojas
Directora de Ventas
Fortex Hispania, S.A.
c/ Sorolla, 46
SANTANDER

- En respuesta a su último correo...
- ...me complace comunicarle que...
- La entrega se realizará/efectuará...
- ...se requieren doce días para...
- Como acordamos...
- El envío se hará a través de...

A. Completa las frases basándote en las informaciones del correo electrónico.

1. El Sr. Ramírez escribió a la Sra. Rojas para ....

2. La Sra. Rojas le respondió comunicándole que ....

3. Ambos, comprador y vendedor, están de acuerdo en que la entrega debe ....

4. Cuando se termine la fabricación, la mercancía ....

5. Los gastos de transporte corren por cuenta de ....

6. La empresa del Sr. Ramírez está localizada en ....

B. Eres el responsable de envíos en Siderúrgica Andalucía, S.A. El Sr. Morante te ha hecho un pedido firme de 1000 láminas de acero. Escríbele para informarle sobre las condiciones de la entrega (condiciones, plazos, transporte, etc.). Inspírate en el modelo de correo de esta página.

El Sr. González Mata le escribe al Sr. Hernández para disculparse pues, lamentablemente, no podrá aceptar su invitación.

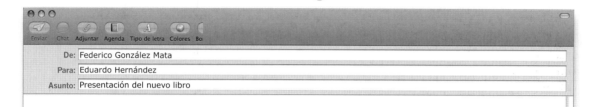

De: Federico González Mata

Para: Eduardo Hernández

Asunto: Presentación del nuevo libro

Estimado Sr. Hernández:

Antes de empezar, siento mucho no haber podido ponerme en contacto con usted antes. Recibimos la invitación para la presentación de su nuevo libro el pasado día 18 de septiembre pero lamentablemente no pudimos asistir ni la Sra. Marcos, directora de la editorial, ni yo. Los dos nos encontrábamos de viaje y en esos días no había nadie que pudiera sustituirnos.

Deseamos que la presentación haya tenido todo el éxito que se merece y que su libro tenga una muy buena acogida entre el público. De nuevo le ruego que acepte nuestras disculpas por no haber podido acudir a su presentación.

Cordialmente,

Federico González Mata
Departamento Comercial
Editorial PIRINEOS
Tel.: 976 15 68 95
Pza. de Nuestra Señora del Pilar, 29
ZARAGOZA 50003

- Antes de empezar...
- Siento mucho no...
- ...pero lamentablemente...
- ...le ruego que acepte nuestras disculpas...

A. Responde a las preguntas.

1. ¿A qué le invitó el Sr. Hernández al Sr. González Mata?
2. ¿Por qué este último no pudo asistir?

B. Eres especialista en arte contemporáneo y director de una importante galería. Hace unos meses te contactaron para que dieras una conferencia en un congreso internacional para especialistas en arte. A causa de un problema de última hora tuviste que anular tu conferencia dos días antes. Ahora quieres escribir a la Sra. Contreras, organizadora, para disculparte personalmente.

Cursar un pedido

El Sr. Cortés, de Campach, S.A., acaba de analizar la oferta de productos publicitarios hecha por la Sra. Jiménez de Tot Marketing, S.A. y le escribe para cursar un pedido

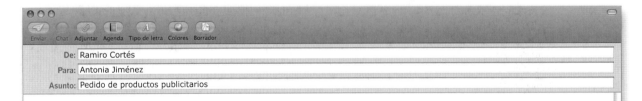

Enviar · Chat · Adjuntar · Agenda · Tipo de letra · Colores · Borrador

De: Ramiro Cortés

Para: Antonia Jiménez

Asunto: Pedido de productos publicitarios

Estimada Sra. Jiménez:

Una vez estudiada la última oferta que nos ha remitido, aceptamos las condiciones presentadas. Conforme a lo acordado, quisiéramos realizar el siguiente pedido:

Modelo	Referencia Color	Cantidad	Precio (por unidad)
Llavero con logo empresa	33FF33 VERDE	2000	0,36 €
Bolígrafo con logo empresa	FF3300 ROJO	1000	0,22 €
Lápiz USB 1 MB con logo empresa	000099 PLATEADO	500	0,99 €
Pin con logo empresa	FFFF33 AMARILLO	5000	0,19 €

Respecto a los términos de la entrega, le ruego que nos comunique lo más rápidamente posible, tanto los plazos de producción como las fechas de envío del producto. En esta ocasión, no deberán superar los quince días a partir de la aprobación de este pedido, ya que nos encontramos en un momento clave de nuestra expansión comercial y no podemos permitirnos ningún retraso.

Una vez más, quedo a su disposición y le agradecería que me remitiera la confirmación de este pedido con la mayor brevedad posible.

Atentamente,

Ramiro Cortés
Campach, S.A.
c/ Olmedo, 69
MADRID
Tel. 914 58 61 96

- Una vez estudiada la última oferta...
- ...quisiéramos realizar el siguiente pedido:
- Respecto a los términos de entrega...
- ...le ruego que nos comunique...
- ...los plazos de producción...
- ...las fechas de envío...
- ...a partir de la aprobación de este pedido...
- ...le agradecería que me remitiera la confirmación...

A. Responde a las siguientes preguntas.

1. ¿Crees que es la primera vez que el Sr. Cortés realiza un pedido a la Sra. Jiménez? ¿Por qué?

2. ¿Qué condiciones impone el Sr. Cortés en lo relativo a la fecha de envío?

B. Trabajas en Luminex, S.A., una empresa de instalación de placas solares, y escribes a Sol Ibérico, S.L. para hacerles un pedido de 100 placas. Redacta tu correo teniendo en cuenta el modelo de esta página. Ten en cuenta que tu empresa necesita las placas en un plazo máximo de 10 días.

Confirmar una orden de pedido

La responsable de ventas de Tot Marketing, S.A. ha transmitido al jefe de producción, el Sr. del Prado, el pedido del Sr. Cortés de Campach, S.A. El Sr. Del Prado responde para confirmar la orden.

De: Gerardo del Prado

Para: Ramiro Cortés

Asunto: Confirmación de pedido

Estimado Sr. Cortés:

Confirmamos la orden de pedido realizada por Campach, S.A., a fecha de 24 enero de este año. Dicho pedido estaba compuesto por los artículos siguientes:

Modelo	Referencia Color	Cantidad	Precio (por unidad)
Llavero con logo empresa	33FF33 VERDE	2000	0,36 €
Bolígrafo con logo empresa	FF3300 ROJO	1000	0,22 €
Lápiz USB 1 MB con logo empresa	000099 PLATEADO	500	0,99 €
Pin con logo empresa	FFFF33 AMARILLO	5000	0,19 €

El envío se efectuará bajo las condiciones acordadas con nuestra responsable de ventas, la Sra. Jiménez.

Aprovecho para informarle de que los artículos:
• Llavero con logo empresa 33FF33 VERDE
• Pin con logo empresa FFFF33 AMARILLO
le serán entregados en un envío separado del resto, ya que serán producidos en nuestra sede de Sevilla. Esto no condicionará su entrega, que se efectuará dentro de los plazos indicados como está convenido.

Si hubiese un error en la relación de artículos indicados anteriormente, le ruego me lo comunique con la mayor brevedad posible para poder realizar las modificaciones necesarias.

Sin otro particular, le saluda cordialmente,

Gerardo del Prado
Jefe de Producción
Tot Marketing, S.A.
c/ de la Sangre, 32, bjs.
46002 VALENCIA
Tel.: 963 25 45 85

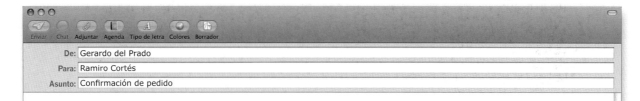

• Confirmamos la orden de pedido...
• Dicho pedido estaba compuesto por...
• Aprovecho para informarle de que...
• ...le serán entregados
• ...se efectuará dentro de los plazos indicados...

A. ¿Cómo traducirías las frases que aparecen subrayadas?

B. Eres el responsable de pedidos de Sol Ibérico, S.L., una empresa que se dedica a la fabricación de placas solares. Luminex, S.A. (una empresa de instalación de placas solares) te acaba de solicitar un pedido de 100 placas. Respóndele para confirmarle la orden de pedido y suministrarle información sobre la fecha de envío y las condiciones de entrega.

T

Transcripciones

TRANSCRIPCIONES CD

ÍNDICE DE PISTAS DEL CD

UNIDAD 1

Actividad 2

1.
- ¿Has visto el anuncio de Infoempleo?
- ¿El de experto de sistemas?
- Sí. Interesante, ¿verdad?
- Pues sí, la verdad... y piden titulación universitaria en Física; o sea que podría presentarme.
- Exacto, yo había pensado en ti...
- Lo que pasa es que no dice nada de salario, es un poco raro.
- Ya, bueno, pero por probar no pasa nada, ¿no?

2.
- Mirá qué interesante este anuncio.
- A ver..., pues sí... ¿te vas a presentar?
- Mmm, no, no puedo, yo no tengo titulación universitaria en Informática, soy físico.

- Ah, es verdad... pero cumples con todo lo demás: conocimiento de telecomunicaciones, dominio del inglés muy alto... Envía tu currículum a ver qué pasa.
- Y sí, en una de esas... la empresa parece que está en San Fernando de Henares, aquí en Madrid.
- Sí, al menos el departamento de Recursos Humanos sí.

3.
- Creo que me voy a presentar a ese puesto de Infoempleo.
- ¿Al de ingeniero de sistemas?
- Sí, a ese.
- Ah, muy bien... tienes el perfil que solicitan, ¿no?
- Hombre, creo que sí: titulación universitaria en Informática, nivel alto de alemán, experiencia de dos años en entornos Microsoft...
- ¡Ajá! ¿Y dónde está la empresa?
- El anuncio dice «para sus oficinas en Alcalá de Henares»...
- Ah, bueno, pues no te queda muy lejos, ¿no?

Actividad 9

- A ver, propongo... propongo como método que cada uno se presente y que diga dónde trabaja actualmente. ¿Qué os parece?
- ¡Hombre! Si hay un topo no nos va a decir la verdad, digo yo.
- Claro, ahí está la gracia, ¿no?
- Bueno, ¿qué os parece? ¿Empiezo yo mismo? Vale. Me llamo Julio Quintana. Soy abogado y economista. Mi última posición fue en la dirección de la filial comercial de Roché, en España...
- Roche.
- Roche, sí. Roche. Es una multinacional francesa. Se dedica a los pesticidas. Antes de dirigir la filial española, yo puse en pie la de Portugal. Ahora mismo es la primera del sector.
- ¡Guau! ¿No estás un poco cualificado de más para este puesto?
- ¿Tú crees?

UNIDAD 2

Actividad 2

- Estimados oyentes, hoy, en nuestro habitual programa semanal de «Negocios sin fronteras» contamos con la presencia del Sr. Hernando Valdecasas, un especialista argentino en negociación internacional que acaba de publicar un libro sobre los aspectos básicos de las negociaciones con los españoles. Buenos días, Sr. Valdecasas.
- Buenos días.
- Muy amable por compartir con nosotros unos instantes de esta mañana.
- Al contrario. Es un placer para mí.
- Lo digo porque sé que está muy ocupado con un seminario sobre comercio transatlántico entre América Latina y Europa.
- Sí, así es. Se trata de una serie de conferencias dirigidas a empresas latinoamericanas que desean instalarse en España y ampliar así su negocio.
- Ese es, justamente, el tema de su nuevo libro, ¿verdad?
- Exacto. En mi libro *Consejos para negociar con españoles*

doy algunas recomendaciones sobre aspectos que he podido corroborar a lo largo de mis veinte años de experiencia con estos dos públicos.

- ¿Cuáles serían entonces esos consejos que usted da a quienes desean entablar lazos comerciales con nosotros los españoles?
- Bueno, antes que nada, debemos tener en cuenta que hay diferentes estilos de negociación dependiendo del tipo de empresa, la región, etc. Hay una tendencia a simplificar una diversidad cultural que es muy compleja. El primer consejo que doy siempre es el de escuchar. Escuchando se llegan a entender el funcionamiento y los métodos de nuestros interlocutores que, en el caso de los españoles, pueden llegar a ser sorprendentes.
- Ciertamente. Además, me parece que sabiendo escuchar uno puede aprender mucho de las otras culturas.
- Sí, efectivamente. Es uno de los primeros pasos del buen negociador. Por otra parte, otro dato que merece ser destacado es el hecho de que no debemos menospreciar a nuestro oponente. Es un principio básico que debe aplicarse sistemáticamente.
- He oído decir que los españoles tenemos fama de querer imponer nuestros puntos de vista. ¿Qué hay de cierto en todo esto?
- Mmm. No me parece que el imponerse sea un rasgo distintivo de los españoles. Lo que sí es cierto es que son un poco imprevisibles y por eso quien negocie con ellos debe estar preparado para ser flexible. En España las negociaciones pueden cambiar de manera notable a lo largo de una jornada. Y, por otro lado, la gestión del tiempo es una cuestión que plantea problemas. Aunque los latinos y los españoles tengan más o menos una misma percepción del tiempo, parece que los españoles piensan que las limitaciones temporales son artificiales y que el tiempo es algo flexible.
- Sí. De eso estoy segurísima.
- El problema es que, para los españoles, las agendas de negociación son solo un detalle que puede modificarse en todo momento.
- Y eso no debe de ser fácil para los latinoamericanos, que además tienen que hacer miles de kilómetros para venir a negociar a España.
- Exacto. La distancia lo hace todo más difícil y, en ocasiones, a los negociadores latinoamericanos no les queda claro lo que los españoles buscan, lo que dificulta que se llegue rápidamente a un acuerdo.
- Entonces, ¿qué actitud deben tomar los negociadores latinoamericanos en este tipo de situaciones?
- Y... tienen que ser pacientes y, sobre todo, no confiar en las palabras. Siempre aconsejo dejar todo por escrito. Es mucho mejor contar con un documento escrito que de constancia de los acuerdos a los que se han llegado.
- Claro...
- También tengo otra recomendación clave en este tipo de reuniones. El latinoamericano que quiera cerrar un trato con empresas españolas debe evitar temas conflictivos como los nacionalismos, el franquismo o la conquista de América. Los españoles de hoy en día viven otra realidad, son más abiertos de mente y son sobre todo europeos.
- Totalmente de acuerdo. La verdad es que a mí, como española,

no me gustaría que en una reunión de negocios se trataran esos temas.
- Claro, es normal. Por el contrario, a usted le agradaría que sus futuros asociados le hablaran de la calidad de vida en España, de la capacidad de evolución del pueblo español, de la integración en Europa, del desarrollo económico, de la posición de liderazgo de las empresas españolas en Latinoamérica.
- De la simpatía entre españoles y latinoamericanos.
- Sí, por supuesto. Pero la simpatía no lo es todo. Los tratos se cierran cuando hay una conveniencia por ambas partes.
- Claro... Muy interesantes sus explicaciones, Sr. Valdecasas. Le agradezco que se haya desplazado hasta...

Actividad 5

- Lo cierto es que hemos pasado de un extremo al extremo contrario. Antes era imposible en este país comer en un restaurante sin humo de tabaco, viajar en tren o en autobús, o incluso en avión, sin respirar humo...
- Ya, pero eso no ha cambiado tanto, ¿eh? Por ejemplo...
- Déjame hablar... Hoy pasa lo contrario: mira, el otro día me fui de Barcelona a Bilbao en tren y es que no se podía fumar en ningún sitio, ni siquiera en el bar. No está permitido bajar en las estaciones. ¿Y en los aviones? Es peor todavía.
- Espera un momento: es perfectamente normal, un avión es un espacio cerrado...
- Déjame terminar... es que nadie parece darse cuenta de que, para un fumador, estar encerrado 14 horas sin poder fumar es una tortura.
- Ya.
- Ya pero es que luego además hay cosas absurdas. Por ejemplo, ahora está completamente prohibido fumar en el lugar de trabajo.
- Perdona, pero eso no es absurdo, es una cuestión de...
- ¿Puedo acabar? Voy a poner un ejemplo, en nuestra oficina hay un patio abierto, un lugar al que antes salíamos a fumar tranquilamente y no molestábamos a nadie. Y desde hace unos años no podemos... Está prohibido y si nos encuentran fumando ahí nos meten unas broncas impresionantes y...

UNIDAD 3

Actividad 2

- ¡Diga!
- Hola, Sergio. Soy Eugenio. ¿A que no sabes qué me acaban de proponer?
- Ya sé. Te trasladan a México.
- Casi, casi. Me han ofrecido un puesto en América Latina, pero no en México, en Buenos Aires.
- ¿No? ¿En serio? ¡Enhorabuena!
- Pues, sí. Finalmente lo he conseguido. Y he tenido suerte, ¿eh? porque lo que querían es que me fuera a Asia. Les he explicado que mi perfil se adapta mejor para algún país de habla hispana.
- Y tu esposa, ¿qué dice de todo esto?
- Pues ese es mi problema. Porque tengo que convencerla, porque no le hace demasiada gracia la idea y...

- Ya, pues bueno, ya la convencerás, ¿no? Ese traslado sería muy, muy bueno para tu carrera y Buenos Aires es un ciudad fantástica.
- Sí, seguro que al final lo acepta y, además, encantada, pero ahora está... un poco reticente.
- Sí, seguro que aceptará. La ventaja es que no vas a tener ningún problema con el idioma.
- Sí, eso es lo bueno. Además, Buenos Aires es una ciudad muy cosmopolita, con una vida cultural super interesante.
- Tú ya has ido varias veces, ¿verdad?
- Bueno, sólo dos.
- Y, dime: ¿qué te proponen exactamente?
- Pues, eso: crear una oficina permanente de representación.
- Ya. Pues vas a tener mucho trabajo. ¿Cómo vas a negociar el traslado? ¿Te van a pagar todo?
- Sí, se encargan de todo menos de la mudanza. Y tendría que ver qué hago con la escuela de los niños.
- ¿Te dan coche?
- Bueno, eso aún no lo he negociado mejor. Lo interesante es que también me pagan todos los gastos de manutención: alquiler, luz, gas, teléfono y hasta el seguro médico. Pero, Sergio, dime una cosa: a ti cuando te nombraron en México, ¿te subieron el sueldo?
- ¡Me lo duplicaron! Y me pagaron incluso una prima de expatriación.
- Pues a mí solo me lo quieren aumentar un 50%. ¿Tú crees que les puedo pedir más?
- Sí, sí, sí, absolutamente. Yo que tú negociaría mejor. Sobre todo, porque tú vas a iniciar el negocio. Eso exige ponerle mucha energía a tu proyecto. ¿Por qué no se lo comentas a González? El entiende mucho de todo esto. Trabajó en el exterior durante más de quince años.
- Con él quería hablar justamente, por eso también te llamaba. ¿Tienes su número?
- Sí, ¿cómo no? Ya te lo busco. Espera un momentillo... A ver... Aquí está. Es el 915 021 529.
- 915 021 529, vale. Perfecto. Oye, te lo agradezco muchísimo. ¿Nos tomamos algo, un café y seguimos charlando o lo que quieras?
- Buena idea. Te veo abajo.

Actividad 9

1.

- Hola, ¿te has enterado ya?
- Claro que me enteré, todo el mundo habla de tu traslado en la oficina.
- Bueno, todavía no es definitivo, ¿eh? No he dicho que sí...
- Ya, pero tú quieres irte, ¿no?
- La verdad es que sí... me hace mucha ilusión... y me apetece un montón esa aventura... salir de España, pasar unos años en México, no sé...
- ¿Y por qué dices que aún no es definitivo?
- Bueno, sobre todo porque hay un par de cosas que aún no tengo muy claras sobre las condiciones.
- Ya...
- Lo que me da un poco de miedo es la vuelta, ¿sabes? Pasar tres o cuatro años allí, o los que sean, y después volver aquí y no tener un puesto garantizado...

- ¿Y eso lo podrías negociar?
- Sí, es una de las cosas que quiero negociar, que me den garantías para poderme reincorporar a la vuelta... y la otra cosa son los viajes, quiero poder venir dos veces por año, para ir ver a mis padres en Navidad y en verano, como mínimo...
- Pues niña, no me parece que eso sea pedir demasiado...
- No, yo creo no, que voy a conseguirlo sin problemas...
- ¿Y dónde vivirían?
- Pues cerca del trabajo, porque México D. F. es enorme y no quiero pasarme el día en el coche; además queremos abrir la oficina en un barrio residencial muy bonito... o sea que buscaría casa en el mismo barrio.
- ¿Empezaste a mirar casa y todo?
- ¡Qué va! Si finalmente voy, es lo primero que tengo que hacer, buscar una oficina, alquilar casa y hacer todo el papeleo legal para tener permiso de trabajo...

2.

- ¿Sabes que igual trasladan a Susana a México?
- No me digas. ¿Y os vais?
- Pues sí. Si Susana se pone de acuerdo con sus jefes, sí.
- ¿Y tú quieres?
- Yo estoy encantado. Carlos, mi mejor amigo vive allí y me ha dicho que podría trabajar con él en su estudio de arquitectura, o sea que perfecto... tiene un estudio muy prestigioso y hacen cosas muy interesantes, de manera que sería una gran oportunidad para los dos...
- ¿Y Susana qué haría allí?
- Pues tendría que abrir ella la filial de su empresa en México.
- O sea que le pagarán un montón de dinero, ¿no?
- Bueno, esa es la cuestión, yo creo que debería negociar un sueldo mejor que el que le están ofreciendo. A mí me parece que lo que le han ofrecido es poco para tanta responsabilidad...
- Ya... Bueno, pero lo tenéis bastante claro, ¿no?
- La verdad es que sí; por mí nos podemos ir cuanto antes, ya he empezado con el tema de la convalidación de mi título de arquitectura y todo...
- ¿Tendrías que convalidarlo?
- Sí, es lo primero que tendría que hacer: convalidar el título... y luego empezaría a trabajar con Carlos.

3.

- Hola Andrés, ¿qué tal?
- Bien, liado, como siempre...
- Che, me dijeron que van a enviar a Susana Flores a México...
- Pues sí, se lo hemos propuesto hace unos días y estamos negociando las condiciones...
- Ah... ¿Y Susana era tu candidata preferida?
- Pues, sí, es la persona ideal para ese puesto... es dinámica, seria, conoce la empresa perfectamente, es muy responsable...
- Sí, sí, a mí me parece una ejecutiva excelente, la verdad... ¿Y ya es seguro que va?
- Bueno, tenemos que concretar las condiciones, pero creo que no va a haber problema. Nosotros estamos dispuestos a darle hasta el doble de su salario actual y algunos beneficios más...
- ¿Coche? ¿Alquiler? ¿Gastos?
- Sí, lo normal en estos casos: coche, alquiler, gastos de la casa, seguro médico y como máximo ese salario: el doble del actual...

- Che, ¿y creés realmente que vale la pena abrir una oficina allá?
- Sí, hombre, en realidad los primeros meses son para eso, lo primero que tiene que hacer Susana es evaluar a fondo el mercado y decidir si tenemos que tener una estructura muy grande o no tan grande; pero estamos muy seguros de que nos conviene tener una oficina en México. Además...

UNIDAD 4

Actividad 2

- Buenos días, hoy tenemos con nosotros, en nuestro espacio dedicado a la exportación al director de la empresa aceitera La flor del olivo: el señor Manuel Rosales.
  Buenos días Señor Rosales.
- Buenos días, Joaquín.
- ¿Por qué su empresa, La flor del olivo, decidió entrar en la aventura de la exportación?
- En primer lugar, porque sabíamos, desde nuestros inicios, que no podíamos limitarnos a competir sólo en el mercado español, que es un mercado importante, pero muy saturado. El aceite de oliva de calidad tiene un gran potencial de crecimiento en el extranjero, aunque debo decir que nuestra línea de productos no se limita sólo al aceite, sino que abarca también a las aceitunas y al gazpacho, las salsas...
- ¿Y cuándo comenzaron esa actividad?
- Comenzamos a exportar tímidamente en 2005, con 500 000 euros de facturación. Las exportaciones de los años siguientes mostraron un buen crecimiento y hoy facturamos fuera de España más de ocho millones de euros.
- Con esas cifras, deben de tener un excelente equipo de exportación.
- Bueno, sí. Tenemos un personal muy cualificado. El Jefe actual del Departamento cuenta con muchos años de experiencia comercial internacional. Además, entre todos ellos dominan varios idiomas como el inglés, el francés, el ruso y el chino, además del español.
- ¿Y a cuántos países exportan?
- En este momento, exportamos a cerca de 70 países.
- Todo un éxito. Y dígame, ¿hay países donde es más dificultoso entrar?
- Sí claro. Hay lugares donde las dificultades se acumulan a causa de varios factores; el idioma, por ejemplo... a veces la lejanía es un factor negativo y también la complejidad de las comunicaciones. Además, en algunos países podríamos decir que son «comercialmente inseguros», es decir, que no siempre ofrecen las garantías legales de que los acuerdos comerciales sean respetados...
- ¿O sea que existen riesgos importantes a la hora de exportar?
- Claro, estar presente a nivel internacional siempre implica correr riesgos. Por suerte, los países de la Unión Europea gozan de una mayor seguridad jurídica pero, en cambio, hay una competencia mucho más desarrollada.
- Y fuera de Europa, ¿cuáles son sus principales destinos?
- Los principales son, Estados Unidos, Brasil, Canadá y Australia. Nosotros siempre exportamos productos de calidad, aunque la apertura del mercado no se haga siempre con aceite de oliva

sino con productos de menor coste como la aceituna de mesa.
- He leído que la marca también se está desarrollando en Asia.
- Sí. Los países asiáticos tienen un gran potencial, especialmente China. También son importantes Corea del Sur, Malasia y Tailandia.
- ¿Y respecto a África?
- Por ahora, en esta zona nos interesa sobre todo Sudáfrica. En general, una empresa como la nuestra debe rechazarse la tentación de vender a cualquier precio. Nuestra estrategia consiste en ofrecer productos de calidad, a precios competitivos, pero siempre teniendo en cuenta que se trata de un producto de alta gama y de gran prestigio.
- Y en Latinoamérica, ¿cuál es la posición de su empresa?
- Latinoamérica también tiene un gran interés para La flor del olivo. La presencia de colonias españolas importantes en algunos países y nuestra cultura común nos facilitan la tarea. Estamos sobre todo en Argentina, Chile, Colombia, Venezuela y México.
- ¿Y cuáles son los principales obstáculos para importar con los que se han encontrado en todo este tiempo?
- Son muchos, lógicamente. Las trabas burocráticas, por ejemplo, son terribles en algunos países. Pero quizá la falta de seguridad jurídica es una de las cuestiones más complicadas a la hora de exportar a un determinado país. Usted sabe, cuando hay pocas garantías para el cobro de las facturas, exportar se convierte en algo demasiado arriesgado.
- Dígame señor Rosales ¿Cuánto suponen las ventas internacionales sobre la facturación total?
- En este momento, suman casi el 80% de la facturación de nuestra empresa...

Actividad 9

- Buenos días. Continuamos hablando de economía y de productos españoles. Nuestra próxima invitada es Alicia Viñales, economista y especialista en el sector vitivinícola. Buenos días, señora Viñales.
- Buenos días.
- Señora Viñales, ¿qué representa el cultivo de la uva para España?
- El cultivo de la uva en España forma parte de una actividad económica tradicional y de gran desarrollo. Nuestro país cuenta hoy con la superficie de viñedos más importante del mundo. De hecho, representamos casi el 15% del total mundial de hectáreas dedicadas a la actividad vitivinícola y el 97% de esa uva se dedica a la producción de vino, espumosos y licores.
- ¿Cómo calificaría el momento por el que atraviesa el sector vitivinícola?
- Es un momento bueno, por un lado, ya que la facturación del sector continúa creciendo. Pero es también un momento de expectativa ante los nuevos cambios que se avecinan y que podrían ser decisivos para resolver problemas como la reducción del consumo, el aumento de excedentes y la competencia creciente de terceros países.
- Los periódicos han estado hablando últimamente de una nueva figura: una denominación nueva que se llamaría «Viñedos de España» ¿Qué problemas plantea esta nueva denominación?
- Pues «Viñedos de España» es lo que se llama una Indicación

Geográfica Protegida. Como todo el mundo sabe, los vinos más prestigiosos de nuestro país, los que pasan por controles más estrictos son normalmente, vinos que tienen una denominación de origen, como Rioja, Penedès, Ribera del Duero, Rias Baixas y un largo etcétera. Las indicaciones geográficas protegidas, como «Viñedos de España», son denominaciones menos exigentes, pero que cumplen una serie de criterios de calidad.

- Entonces, ¿cuál es el problema?
- Esta es una reforma que ha entrado en vigor recientemente y a la que todavía no se han acogido todas las zonas productoras. Los territorios de La Rioja y Castilla y León han decidido quedar fuera de esta medida mientras que el resto de productores, con más dificultades para la comercialización de sus caldos, se han sumado a esta nueva categoría, pues consideran que es una manera eficaz de acceder a los mercados mundiales.
- ¿Qué retos tienen por delante las empresas del sector?
- Existen varios retos. Ante la globalización del mercado del vino se debe hacer una apuesta por la calidad y la mejora constante de nuestros productos. En mi opinión, sólo tendrán éxito a largo plazo las empresas que sean capaces de ofrecer vinos de alta calidad y, al mismo tiempo, reducir costes. En pocas palabras: hay que vender más y mejor.
- Además de la mejora de la calidad y la reducción de costes, habría que analizar también otros factores, ¿no?
- Sí, factores como la promoción, la distribución, y la introducción de nuevas tecnologías que agilicen las tareas relacionadas con la producción. En definitiva, se trata de modernizar todas las fases de la producción del vino y de su comercialización y eso nos permitirá posicionarnos sólidamente en el mercado internacional.

UNIDAD 5

Actividad 2

- Mario, ¿lo de ser hotelero es una cosa de familia?
- Qué va, al contrario. Mi familia venía de una experiencia bastante desastrosa en un gran restaurante de Madrid. Lo habíamos llevado durante cuatro años y lo cierto es que había sido un negocio ruinoso. Por eso habíamos dicho que nunca mas volveríamos a entrar en el negocio de la restauración y la hotelería.
- Entonces, ¿cómo es que empezaste a dedicarte a esto?
- Pues mira, yo en esa época viajaba bastante y me di cuenta de que cuando iba a una gran ciudad, si quería estar en un hotel céntrico y bueno, tenía que pagar una fortuna por una habitación.
- Eso es verdad.
- O, si no, solo encontraba hoteles malísimos, hotelitos de mala muerte...No entendía el porqué de eso, así que un día me dije: voy a abrir un hotel para gente como yo, gente que quiera estar en un hotel moderno, práctico y a buen precio,...
- Guau.
- Un hotel que tenga todas las comodidades, pero a precio razonable.
- ¿Y cuándo fue que abriste el primer hotel?
- El primer hotel que monté fue el Ópera, un hotelito pequeño de

dos estrellas, al lado del Teatro Real, que desde el principio fue un éxito brutal. No hicimos nada de publicidad, pero a los seis meses una guía de viajes muy importante nos clasificó como uno de los 10 mejores hoteles de Madrid.

- Luego me dices cómo entraste a esa guía.
- Imagínate: un hotelito de dos estrellas y 30 habitaciones. En ese momento me di cuenta de que habíamos encontrado un nicho de mercado y me tiré de cabeza.
- ¿Tu familia te ayudó?
- Mira, cuando le dije a mi padre que iba a abrir un hotel, no lo entendió y quiso convencerme para abandonar el proyecto.
- Suele suceder.
- Habíamos tenido una experiencia tan mala con el restaurante, que le pareció muy mala idea. Me dijo: no te metas, es un negocio muy esclavo. De manera que lo monté, y a los seis meses, fui a hablar de nuevo con mi padre.
- ¿Qué te dijo?
- Le enseñé los resultados y no se lo podía creer, me decía: ¿Con 30 habitaciones ya estás facturando todo eso? O sea que al final se convenció y me apoyó en todo y me animó a abrir más hoteles.
- ¿Y ha sido muy difícil?
- Hombre, en estos años hemos tenido momentos muy duros y muy complicados. El día a día puede ser muy absorbente y muy estresante para un pequeño hotelero.
- Y la crisis...
- Pero no me arrepiento, ¿eh? merece la pena, han sido unos años muy interesantes y, hoy en día soy 100% hotelero, vivo, viajo y me divierto pensando en hoteles, es mi vida...

Actividad 7

Hogares de la India es una ONG española creada el año 2000 por Jordi Serra. La idea de esta organización nació cuando este joven periodista barcelonés viajó por primera vez a la India. El motivo de aquel viaje era simplemente turístico pero algo cambió cuando Jordi fue a Mumbay, la antigua Bombay. Allí Jordi visitó un orfanato, que estaba a punto de cerrar, en el que vivían 40 niños. Jordi sintió en ese momento que existía una responsabilidad colectiva respecto a la situación de los niños más desprotegidos de aquel país. Quedó tan impresionado por lo que vio, que decidió hacer algo por aquellos niños: volvió a España y puso a la venta todas sus pertenencias: su piso, su coche, sus muebles...

Al cabo de tres meses, Jordi fundó en Barcelona Hogares de la India e inmediatamente volvió a Mumbay para hacerse cargo del orfanato y llevar, desde allí, una serie de actividades destinadas a hacer conocer su ONG en todo el mundo.

En los años siguientes, Hogares de la India abrió seis orfanatos más: dos en Mumbay, dos en Bhopal, uno en Ahmadabad y uno, actualmente en construcción, en Bangalore. Orfanatos que, hoy en día, proporcionan un hogar a más de 2000 niños, la mayoría rescatados de las zonas de chabolas y de las redes organizadas de explotación de niños de estas ciudades.

La trayectoria de Hogares de la India es realmente ejemplar y la organización ha recibido numerosas distinciones y premios en

España, Francia y Alemania. Aun así, Jordi ha vivido últimamente los momentos más difíciles de su vida, cuando recibió amenazas por parte de una red organizada que explota niños y, desde entonces, debe usar escolta. A pesar de eso, el fundador de esta ONG nunca ha pensado en rendirse.

UNIDAD 6

Actividad 2

1.
Otra manera fácil y ecológica de ahorrar en la factura de la electricidad son las bombillas de bajo consumo. Claro que son más caras, y por eso justamente a veces nos cuesta más comprarlas, pero debemos pensar que a la larga resultan tremendamente más baratas, ya que su consumo es un 80% inferior.

2.
De todos modos, hay motivos para el optimismo: en los últimos tres años, el uso de la bicicleta ha experimentado un aumento muy significativo. En estos momentos, se realizan diariamente miles de desplazamientos en bicicleta en nuestra ciudad, con el consiguiente ahorro de energía.

3.
¿Sabían ustedes que los gastos de agua y calefacción representan en la gran mayoría de los hogares europeos el gasto energético más importante? Y no es de extrañar. ¿Cuántas veces hemos entrado en casa de alguien, en pleno invierno y hemos tenido que quitarnos el jersey o el chaleco porque la temperatura superaba los 20 grados?

4.
Existen innumerables maneras de ahorrar... y algunas son sencillísimas, como por ejemplo prescindir del uso del microondas para descongelar, algo que es costoso y totalmente innecesario. Solo basta con planear bien lo que deseamos comer aquel día y sacarlo con tiempo del congelador...

Actividad 8

1.
No soy una persona gastadora. Creo que controlo bastante bien mis cuentas y me gusta que sea así. Cuando invierto, mi objetivo es conservar mi capital. Perder dinero me da mucho miedo, pero estoy dispuesto a asumir pequeñas pérdidas si hay una buena oportunidad para invertir. Como mucho, aceptaría colocar una pequeña parte de mi dinero en una inversión más arriesgada, pero solo por unos meses.

2.
Me gusta invertir, me gusta mucho más invertir que que ahorrar. Lo más importante para mí es que mi dinero crezca. Mis inversiones suelen tener un riesgo bastante alto y, lógicamente, a veces tengo pérdidas. Eso no me preocupa demasiado, porque entiendo bastante y, normalmente gano; estoy dispuesta a asumir esas pérdidas con el objetivo de obtener rendimientos altos a largo plazo.

3.
Todo el mundo me dice que gasto demasiado y mi familia cree que muchas de las cosas que compro son innecesarias. Lo cierto es que no puedo vivir sin darme algunos caprichos y, en general, no pienso demasiado en el futuro. Cuando veo alguna cosa bonita en un escaparate... o cuando me apetece darme algún capricho, no suelo dudar. La verdad es que no me preocupo mucho de mis cuentas; por suerte, tengo un gestor que me las lleva.

UNIDAD 7

Actividad 2

- ¿Qué tal Javier? ¿Cómo te fue con el test para organizarte mejor?
- Bueno, creo que no muy bien. He sacado 19 puntos.
- ¡Uy! Yo no voy a decir nada...
- Bueno, viene a decir que podría mejorar mucho.
- Bueno, a mí me salió 27. Y dice que empleo el tiempo con mucha eficacia y que puedo seguir buscando nuevas maneras para racionalizar mi trabajo. Pero me salieron dos en casi... en cero. Uno por ser generosa.
- Ah, ¿sí?
- Sí, la de limitar el tiempo de las llamadas. De verdad que me cuesta mucho concretarlas.
- Bueno, a mí me pasa igual pero es que yo me las tomo como algo personal y acabo hablando de cualquier cosa. O sea, no tiene nada que ver con lo que he llamado y eso es un problema. También he sacado un uno.
- Cómo se nota que el teléfono es de la empresa porque seguro que si fuese tuyo...
- Desde luego. Oye, ¿y en la cinco que has sacado tú?
- Yo, mira, ahí tengo un dos porque ante la duda... un dos.
- Yo también un uno. Es que soy un desastre. Es que cualquier cosa me hace despistar. Y entre que entra alguien buscando lo que sea o que me llaman por la otra línea. Total que me cuesta mucho concentrarme.

Actividad 8

1.
- Buenos días y bienvenidos al espacio de consulta de nuestro programa *La buena vida*. Como cada lunes, hoy contamos con la presencia de nuestro experto en administración del tiempo Nicolás Mata. Buenos días, Nicolás.
- Buenos días, Consuelo.
- Nuestra primera consulta nos la va a hacer Ricardo, desde Oviedo. Hola, Ricardo.
- Hola, buenas.
- Ricardo, cuéntanos: ¿cuál es tu problema con el tiempo?
- Pues mira, no sé si mi problema tiene solución o no, pero en este momento me falta tiempo para estar con mis hijos.

- ¿Llega usted muy tarde a casa?
- Lo cierto es que no, llego como hacia las siete de la tarde, pero llego muy cansado... los críos a esa hora mirando la tele y, al final, en vez de hacer algo con ellos o, aunque sea, ayudarles a hacer los deberes, pues me siento en la sala y miro la tele yo también... o voy a hacer algo de compra para la cena, o paseo el perro...
- ¿Y sus hijos no le piden que esté con ellos?
- Hombre, los críos con tal de ver la tele están contentos...
- ¿Y los fines de semana?
- Pues me pasa un poco lo mismo: algunos fines de semana tengo que viajar por trabajo, otros estoy muy cansado, otros tengo que hacer cosas en casa... o sea que la mayoría de las veces... no hago nada con ellos. No sé... ¿Qué creen que podría hacer para organizarme mejor y hacer más actividades con ellos? Porque en este momento empiezo a tener la sensación de que mis hijos no tienen muchas ganas de hacer cosas conmigo... que ya se han cansado de pedir mi atención...
- Muy bien, muchas gracias, Ricardo, ahora lo comentamos con Nicolás.

2.

- Nuestra siguiente consulta nos la hace Arturo, desde Barcelona. Hola, Arturo, buenos días.
- Buenos días Consuelo. Mira, mi problema con el tiempo es más una cuestión laboral, una cosa de organización.
- Ajá, ¿cree que es un problema de organización suya o de organización de la empresa?
- ¿Sabe qué pasa? Tengo muchas funciones diferentes en mi empresa y tengo poco tiempo para las cuestiones de organización, y en este momento mi mesa está llena de papeles, dossieres, informes, y tengo un lío bastante considerable: está todo mezclado, las cosas que están resueltas, las que están pendientes, las que están casi acabadas, pero que les falta algún detalle final...
- ¿Y no tiene ningún tipo de ayuda?
- Pues no mucha y en este momento estoy un poco desbordado, además, me da miedo que algún día yo me ponga enfermo y nadie sea capaz de entender ese lío monumental y no sepa ni por donde empezar.
- Muy bien, muchas gracias, Arturo.
- Muchas gracias a vosotros.
- Ese es un tema muy recurrente, ¿verdad, Nicolás?
- Efectivamente.
- Muy bien enseguida lo comentamos.

3.

- La tercera consulta nos la hace Mónica, desde Madrid. Buenos días, Mónica.
- Buenos días a los dos.
- ¿Cuál es tu conflicto con el tiempo, Mónica?
- Pues mira, creo que mi problema con el tiempo es un cosa que le pasa a mucha gente, a muchos estudiantes, pero me da mucha rabia que me esté pasando a mí, porque me estoy jugando mi carrera...
- ¿Qué estás estudiando, Mónica?
- Estoy haciendo Sociología, estoy en segundo año y no consigo organizarme para estudiar... no es que la carrera sea dificilísima, pero tengo que hacer muchos trabajos y estudiar para los exámenes ... y este año, no sé por qué, lo estoy dejando todo para el último momento. A veces, con los exámenes sí que consigo estudiar todo lo que tengo que estudiar en las últimas semanas, pero con los trabajos no lo consigo... cuando tengo que hacer un trabajo de investigación en unos pocos días, y... bueno al final no lo presento y tengo ahora varias asignaturas suspendidas porque no he presentado los trabajos obligatorios...
- ¿Haces algo más aparte de estudiar? ¿Trabajas?
- Tengo un trabajo por la tarde-noche, en un bar. No es todos los días, pero sí que a veces eso lo complica todo porque cuando llego a casa a las once de la noche de verdad que no tengo la más mínima intención de ponerme a estudiar... Pero la cuestión es sobre todo que dejo pasar el tiempo antes de ponerme a estudiar, y ahora, si no consigo aprobar todas las asignaturas, me van a retirar la beca y eso puede ser un desastre...
- De acuerdo, Mónica, muchas gracias por tu llamada. Ahora comentamos tu caso con Nicolás.
- Muchas gracias.

4.

- Ahora vamos a escuchar un mensaje que ha dejado en nuestro contestador Julio, de Castelldefels, Barcelona.
- Hola. Soy Julio y llamo de Castelldefels, Barcelona. Vivo solo y mi problema tiene que ver con cómo llevo mi casa, cómo me organizo con mi alimentación ya que trabajo hasta las ocho o más tarde y nunca encuentro tiempo para ir a comprar fruta, verdura, cosas sanas... y lo peor es que tendría que llevar un régimen bastante estricto porque tengo problemas de colesterol alto y bastante sobrepeso... y bueno... y al final siempre termino pidiendo una pizza... me voy a comer unas tapas a algún bar del barrio... y la cuestión es que necesito encontrar tiempo para cuidar más de mi alimentación y mi salud. Bueno, un saludo a todos. Muchas gracias.

UNIDAD 8

Actividad 1

1.

Ya les he mostrado el cuadro que resume los hechos externos e internos y las políticas públicas que han marcado la evolución y la historia del conglomerado del azúcar. He enunciado brevemente estos hechos y estas políticas, pero quería, ahora, detenerme en cuatro de ellos, interesantes por diferentes razones, y lo haré por orden cronológico. El primero de estos hechos afectó de manera muy notable las vías de comercialización del azúcar colombiano (y la configuración del comercio de buena parte del mundo). Estoy hablando, lógicamente, de la inauguración en 1914 del canal que atraviesa el istmo de Panamá. Sin este canal, los productos del Valle del Cauca, que tiene una salida natural al Pacífico, hubieran debido ser transportados por vía terrestre para llegar a los mercados norteamericanos y a los europeos. De esa manera, el Valle del Cauca no se habría convertido en el corredor de salida de los productos agrícolas colombianos hacia el mundo.

2.

Un segundo hecho, de cierta relevancia, fue la revolución Cubana y la consiguiente asignación de una cuota de azúcar a Colombia por parte del gobierno de los Estados Unidos. Esta decisión impulsó el comercio internacional del azúcar y, seguramente, si no se hubiera otorgado dicha cuota a Colombia, el país no habría apostado tan decididamente por un modelo económico orientado a la exportación y muchos propietarios no se hubieran decidido a dedicar más tierras al cultivo de la caña.

3.

Ya en los años 80, la construcción de la represa de Salvajina comportó algunos cambios de gran importancia para la región. Estos cambios se tradujeron sobre todo en la electrificación de la región y en la incorporación de 80.000 hectáreas para el cultivo de la caña. Claro que algunas de las consecuencias de esto fueron discutibles, ya que sin esta represa, el patrimonio natural de la región se habría mantenido intacto y no se hubieran perdido las zonas húmedas del río Cauca, y su rica diversidad de flora y fauna.

4.

El cuarto hecho al que me quiero referir es el Proceso de Integración en la CAN, La Comunidad Andina de Naciones y otras organizaciones. Este proceso conllevó un aumento muy considerable de las exportaciones de azúcar en la década de los 90. Si Colombia no se hubiera añadido a esta organización muy difícilmente habría podido experimentar un aumento de las exportaciones del 150% y un aumento de la producción de azúcar de casi el 50%.

Actividad 6

1.

Hola, mi nombre es Carla Salinas y soy consultora. Estoy haciendo una consultoría para Zapatos Moreno, una planta de producción de calzado que está pasando por un momento delicado. En este momento, la falta de competitividad de la fábrica es bastante preocupante. Justo acabo de empezar a analizar los datos, pero lo que está claro es que no se ha invertido en renovación de los procesos de producción en los últimos 20 años. Claro, los responsables de esto no pueden ser los trabajadores, que no son los que deciden en qué se invierte, evidentemente. Además, en la consultoría que hicimos para esta empresa hace cinco años, ya dejamos claro el peligro de que esto pasara. Desde mi punto de vista, la responsabilidad está en la dirección...

2.

Hola, soy Enrique Salas, director de la empresa de muebles Mensa. Este pedido va a ser nuestra ruina; en primer lugar, nuestros comerciales no hubieran debido aceptar el cambio en la cantidad de unidades sin negociar al menos una entrega por partes: una parte en el plazo acordado y la otra, más tarde. Pero, desde luego, el comité de empresa no ha actuado de manera responsable. En un principio, el comité se mostró de acuerdo con que los trabajadores hicieran un esfuerzo para atender el pedido, pero luego se echaron para atrás y dijeron que cada trabajador decidiera individualmente si quería trabajar o no... el resultado es que no hemos entregado el pedido a tiempo... En definitiva, un desastre.

TRANSCRIPCIONES DVD EMPRENDEDORES

UNIDAD 1
Vídeo: SARA NAVARRO

Yo he sido una niña que de pequeña no jugaba nunca. Siempre estaba pintando, recortando, haciendo cosas manuales. Mi vocación claramente era una vocación hacia algo creativo. Si a eso, le unes la tradición familiar y un conocimiento de un sector que tienes de forma intuitiva porque lo has visto desde que has nacido... Cuando yo tenía un año, mi padre me llevaba y, en la cuna, me ponía entre mi abuelo y mi abuela, que estaban trabajando en el taller.

En realidad, la idea de Sara Navarro, no fue una idea mía. Yo en aquella época era bastante joven, estaba estudiando en la universidad, y no tenía 100% definida una vocación de «quiero ser diseñadora». Esa fue, más bien, idea de mi padre que, como buen empresario, muy listo, pues tenía una perspectiva de futuro muy amplia. Y le pareció que podía ser realmente una proyección y una continuidad de la empresa familiar el tener una marca que fuera mi nombre, donde yo me implicara como diseñadora. Cuando yo estaba, apenas, terminando la carrera... estaba en cuarto de carrera, le comenté a mi padre: «Me gustaría, cuando terminara la carrera, es decir, dentro de un año, marcharme a Italia a hacer un curso de diseño... pues más especializado en el sector del calzado y del complemento». Pero mi padre, que tenía mucha prisa, me dijo: «Bueno, ¿y por qué no te vas ya?». Cuando yo estaba haciendo el curso en Italia, que apenas acababa de cumplir veintiún años, había que realizar una mini colección de treinta modelos donde el diseñador lo hacía todo: desde buscar la idea, buscar los materiales, hacer todo el patronaje, cortar el patronaje, coser con la máquina.... es decir, todo el proceso.

Todos esos modelos, yo se los iba mandando... los iba mandando a la empresa... pues a mi padre: «Mira, he hecho esto, he hecho este diseño». Y, sin que yo lo supiera, él los iba realizando. De manera que, cuando yo volví, que tenía veintiún años, e iba a empezar mi último año de carrera, esos modelos estaban desarrollados, todos, en una mesa. Y, eso, fue la primera colección de Sara Navarro.
Si yo ahora mismo tuviera que volver a empezar, con lo que sé, no sé si podría hacerlo. Sabiendo lo que sé y sabiendo por lo que hay que pasar... Hay momentos de mucha angustia porque realmente no sabes si lo estás haciendo bien... se generan muchas inseguridades... Hay que tener una pizca de locura, una pizca de capacidad de asumir riesgos. Mi propio padre, que es un gran empresario y un gran emprendedor, yo creo que, si no hubiera tenido ese punto de locura y de creer en sus sueños, tampoco habría llegado donde llegó. Hay que creerse esos... esos sueños y pensar que puedes conseguirlo.

UNIDAD 2
Vídeo: RESTAURANTE SANT PAU

Un día un japonés, un señor que vino a comer, pues una pareja japonesa, pide después, a la salida, hablar con nosotros, con Toni y conmigo, y nos... se presenta, nos cuenta que es un empresario, que tiene varios establecimientos en la ciudad de Tokio, tiene más de cuarenta establecimientos este señor, y que está interesado en hacer una copia del Sant Pau en Tokio. Naturalmente, nuestra sorpresa fue, pues...: ¡Está loco! ¿No? Le dijimos: «Muchas gracias, pero será una cosa difícil. A nosotros nos parece que Tokio está en el fin del mundo... Por lo tanto[1], nuestro producto principal es de alrededores[2], ¿cómo podemos plantearnos una cosa tan lejana?» Por lo tanto, le dijimos: «No nos hemos entendido con los nuestros, ¿cómo nos vamos a entendernos con usted que debemos hablar con un traductor? Gracias, pero no es para nosotros.»

El señor reaparece al cabo de dos meses con la misma traductora, come otra vez, pide otra vez hablar con nosotros. Nos dice que ha hecho una vuelta[3] por... por toda España y que tiene muy claro que quiere un Sant Pau; que hablemos de ello, que pensemos detenidamente, que lo... que lo dice con... muy seriamente. Y entonces es cuando le dijimos: «Si esta propuesta es tan seria, propóngalo a otra casa que usted ha visitado, a otra casa que le guste. Nosotros.. la respuesta es negativa. Lo vemos realmente muy difícil. Lo vemos que no es para nosotros». Y el señor otra vez se va, regresa ya al poco más de un mes y medio. Pero regresa casi que con un juguete, con una maqueta que era la copia de nuestra casa. Y nos dice: «Se está construyendo en el centro de Tokio, es propiedad del ayuntamiento, yo tengo el alquiler, vayamos a verlo». Hicimos el viaje con Toni pensando que encontraríamos mil y una pega[4], y fue todo lo contrario. Nos seduce y entonces es cuando ese empresario nos dice: «Lo vamos a hacer como digáis, como queráis». Claro, el reto ya era nuestro, ¿no? Regresamos, nos lo pensamos, empezamos a trabajar en ello, y en casi un año, pues abrimos. Abrimos y llevamos allí cuatro años. Cuatro años pues con mucha ilusión, con mucho éxito; o sea, que estamos realmente muy satisfechos de una... de un trabajo que desde el Sant Pau es diario. Hoy por la mañana ya he trabajado para ellos y por la tarde volveré a trabajar para ellos...

[1] Uso inadecuado de la expresión «por lo tanto».
[2] Quiere decir que los productos que utilizan en su cocina son originales de la zona en la que se encuentra el restaurante.
[3] Debería decir «ha dado una vuelta».
[4] Debería decir «mil y una pegas».

UNIDAD 3
Vídeo: COTTET

Mi familia es de origen francés, fabricantes de gafas y de pipas, en 1850. Y deciden venir a la exposición universal de Barcelona de 1888. A mi bisabuelo le empieza a gustar muchísimo la ciudad, se enamora de ella, no para de venir y, en 1902, ya abre la primera tienda Cottet, aquí en Barcelona. Y al cabo de muy pocos años, en los años veinte, un tranvía, igual que a Gaudí, un tranvía lo atropella y se muere. Al cabo de un año, mi bisabuela, de pena,

se muere. Y deja aquí a tres niños huérfanos, muy jóvenes, con quince... catorce años, que se tienen que ocupar del día a día de la empresa. Por suerte, les fue muy bien. Tenían mucha experiencia y empiezan a abrir tiendas en Sant Andreu, en Tarragona, en Madrid en los años treinta.

Todo está yendo muy bien y empieza la guerra civil. Tienen que huir de Barcelona, tienen que hacer algo para comer y, por pura necesidad, empiezan a fabricar productos ópticos, lentes y monturas para vender. Y crean Industria Nacional de Óptica, lo que sería hoy INDO, que es industria de óptica.

Son muchos años en la misma ubicación, o sea, llevamos desde 1902, 107 años, ubicados en un mismo establecimiento. Siempre dedicados a lo mismo. Todo esto va creando un poso, pues que muchas generaciones han venido a comprar acá. «Es que *el meu avi*[1] ya venía a comprar aquí...», «Es que mi padre ya venía...», «Yo me acuerdo que me trajeron aquí cuando tenía tres o cuatro años...». Además de que es una tienda muy grande, como óptica es, si no la primera, la segunda más grande de Europa. Estamos hablando de una cosa importante dentro del sector.

Para mí es muy importante cuando vengo a la tienda ver que los clientes están bien atendidos, que todo está ordenado en la tienda, que todo está muy bien puesto. Pero, sobre todo, ver que los clientes están satisfechos, que no tenemos ningún cliente por la tienda que nadie le atiende, ver que la gente está contenta en la tienda, que esté con la sonrisa en la cara, que veamos a cualquier cliente en cualquier rincón y vayamos a preguntarle: «Buenos días, ¿qué desea?». Lo acompañemos, lo atendamos. Para mí la atención al cliente... El cliente es el rey. El cliente es el rey. Yo tuve la suerte (de) que a los catorce años, ya por aquello de la semanada y tal, pues si querías un poco de semanada, tenías que venir aquí a trabajar, ¿no? Conoces a las familias de la gente que trabaja contigo: la gente que trabaja contigo, su padre ya trabajaba contigo... Te han visto nacer, te han visto en pantalones cortos. Hay toda una relación que es muy compleja cuando van mal las cosas, pero que hace que en la unión, cuando hay que arrimar todos el hombro, sea lindísima.

La clave de Cottet ha sido esta ilusión y esta constancia por hacer las cosas bien. Por hacer las cosas bien por encima de todo. Y pensar antes en el cliente que en la propia empresa. Que a lo mejor a corto plazo dices: «Ostras, quizás no es muy rentable». Pero a largo, hace que la gente confíe en ti, y que una y otra vez vuelvan a ti y hablen bien de ti a todos los amigos, que al final serán clientes también tuyos.

[1] «Mi abuelo», en catalán.

UNIDAD 4
Vídeo: RIEJU

Exportamos a todos los países de la Unión Europea. Básicamente, el más importante como país único es Francia, y todos los demás países ya se llevarían un porcentaje muy similar: entre el 5 y el 10%.

Yo, cuando me incorporé a la empresa, era un momento en que salíamos de la crisis del 92, que fue una crisis muy concentrada en el mercado nacional. En ese momento, Rieju solo vendía en España y, por lo tanto, la crisis pues nos alcanzó de... de pleno. Conseguimos pasar la crisis, a pesar de una regulación de empleo pero, después de pasarla, nos dimos cuenta que no queríamos volver a caer en ese error, ¿no? Entonces, empezamos a ir a ferias internacionales, que era en ese momento, pues, la manera de conseguir proyección internacional y, poquito a poquito, pues ir consiguiendo importadores en cada... en cada país.

La primera vez que sales con la maleta, como dices, vas con mucho miedo, no sabes lo que te vas a encontrar, y es [ir] a llamar puertas en frío porque nadie te conoce. Rieju en ese momento, solo se había vendido en España y fuera de España no la conocía absolutamente nadie. Entonces, poquito a poquito, puedes ir mandando algunas muestras y a partir de que ven las muestras, las prueban y ven que tienen muy buena calidad, pues es más fácil.

Hay dos situaciones que han sido curiosas. La primera, cuando conseguimos mandar una moto para venderla en Japón: jamás habíamos pensado que podríamos llegar a vender a Japón, cuando allí están las grandes multinacionales, ¿no? Y el día que nos llegó esa solicitud fue muy extraño. Otra es cuando nos vino un candidato a importador para Islandia: era imposible ir a vender motos a Islandia, y se venden. Esos son los momentos que más nos han chocado.

Nuestra principal arma es el poder estar muy próximo al cliente final. Y del mismo modo que tenemos que estar con el cliente final aquí en España, pues cada país y cada región tiene sus propias necesidades. Y cosas como pueden ser el color, un color que tiene muy buena aceptación en España, no se vende de ninguna de las maneras en Suecia: eso es que está cambiando continuamente la necesidad de cada país, ¿no? Nosotros en estos momentos, tenemos activas más de doscientas referencias de vehículos, dependiendo de cada país, dependiendo de cada región, pues se venden unos, se venden otros.

Rieju se puede expandir buscando nuevos mercados donde ahora no estamos presentes. Es vital exportar y abrir nuevos mercados continuamente. Es muy importante. Si no, estás muy vinculado a que cualquier crisis te pueda coger: cuanta más diversificación tengas, pues mejor. Desde luego.

UNIDAD 5
Vídeo: PRONOVIAS

Mi padre, que venía de Turquía con su familia, llegó aquí a los siete, ocho años, y empezó vendiendo tejidos de novia y puntillas y bordados a la gente, pues, a la gente bien de Barcelona. Entonces, a principios de los años sesenta, tuvo la buena idea de hacer el vestido de novia a *prêt-à-porter*.
Yo empecé a trabajar con él en el año 68. Tenía diecisiete años y la idea que yo tenía era que mi padre había inventado el vestido de novia prêt-à-porter, pero había que hacer varias cosas para

que, para el futuro del negocio. Entonces, una de ellas era ser los primeros en abrir tiendas de novia. Entonces realmente el paso fue de gigante y lo que era un mercado que era 100% modista, pues se convirtió en un mercado 80% *prêt-à-porter*, pues... en tres años.

Al final de los años 70, nosotros ya teníamos que decantarnos por salir hacia, hacia, hacia... el mundo internacional; la gente [se] pensaba que... España no estaba en el Mercado Común todavía, y era como comprar vestidos de novia en Afganistán. Entonces, tuvimos una... una anécdota que fue que una señora que estaba veraneando, una señora holandesa, que estaba veraneando en Salou, pues pasó por aquí y dijo: «Quiero comprar vestidos de novia». Y digo bueno, «Pase usted». Entonces, hizo un pedido de vestidos de novia y le dije: «Mire, nosotros lo que queremos no es que usted nos compre para su tienda, queremos que usted sea nuestro distribuidor en Holanda. Pero nos tiene que comprar.. pues... no sé, trescientos vestidos de novia». Total, que la señora dijo: «Pues me parece muy bien». Nos los compró. Al cabo de pocos días, suena el teléfono y dice: «Le llama la señora tal de Holanda». Pues, automáticamente, a mí me cogió una cierta sensación de culpabilidad y digo: «Bueno, a ver si le han gustado, si va bien, si los ha vendido, a ver qué pasa...». Estaba asustado. Total, cogí el teléfono y me dijo: «Oiga, fantástico, ya los he vendido todos, quiero trescientos más». En aquel momento, yo me di cuenta que nosotros teníamos un gran negocio en potencial en el exterior. Y a partir de allí, empieza nuestra aventura internacional.

UNIDAD 6
Vídeo: COBERTURA PARA PYMES

- Una cobertura para una empresa es un producto que protege al cliente y que le elimina una incertidumbre, ¿vale?... porque transforma un coste, un coste del cliente, un coste variable, en un coste fijo.
- Necesitábamos, para crecer, un producto que nos asegurara que nuestro... nuestro crecimiento no iba a ir parejo al IPC, que en esos momentos estaba subiendo muy deprisa.
- Al final, las oscilaciones del tipo de interés hacen que los costes financieros de las empresas, pues, se disparen, se vean... se vean afectados, y directamente en su cuenta de resultados.
- Entonces Banesto nos propuso hacer una póliza de cobertura [en] la cual comprendía que nuestros gastos, tanto sociales como de proveedores, eran cubiertos por una póliza para que pudiéramos tener, digamos, los gastos fijos, pudiéramos tener... saber qué íbamos a gastar en el próximo año.
- Tenemos vocación por las pymes, somos el banco de las pymes. Al final, lo que hemos hecho es acercar este producto a un segmento que no lo estaba consumiendo.
- Nuestro sector necesita bastante financiación porque son productos que tienen un largo período de curación. Te aseguras un tipo de interés durante un período a medio/largo plazo y, sobre todo, en esta época... pues... es imprescindible hacer una cobertura porque nunca se sabe cómo están los tipos... En cuatro meses, los tipos fluctúan muchísimo.
- La principal ventaja de la cobertura es proteger al cliente,

¿vale? Es eliminar su incertidumbre.

- Nos ha permitido tener nuestros gastos durante dos años perfectamente definidos y no estar directamente interrelacionados con el IPC. El IPC nos obligaba a pagar más seguros sociales, nos obligaba a comprar productos más caros, y todo eso estaba cubierto por la póliza.

UNIDAD 7
Vídeo: GESTIONALIA

- Gestionalia es una empresa de servicios profesionales que nace para apoyar a las direcciones de las empresas en todo lo que es la gestión de su área financiera.
- La idea de Gestionalia nos surge a finales del año 2001, principios del año 2002, viendo que, bueno, pues, que el tejido empresarial asturiano, igual que el tejido empresarial a nivel de España, está concentrado en pequeñas y medianas empresas. Entonces, vimos la conveniencia de crear una empresa en Asturias, para trabajar desde Asturias, que se acercara a la óptica de la pequeña y de la mediana empresa con un planteamiento distinto. Y donde lo importante fuera el valor para el negocio del trabajo que hacíamos y lo que podíamos ayudar en el éxito de nuestros clientes.
- Nosotros nos conocimos hace varios años antes de iniciar la aventura Gestionalia; y, bueno, pues hablamos muchas veces del negocio, del futuro, de qué hacemos, qué no hacemos... Va surgiendo la idea de que, bueno, pues hay que desarrollar un negocio nuevo...
- Y, gracias, pues, a esa sintonía personal que tenemos de entendernos bien desde hace muchos años, lo podemos hacer de una manera muy ágil. Con pocas palabras, somos capaces de comunicarnos los problemas, de ayudarnos a identificar soluciones, de buscar ideas originales para los clientes... A base de, bueno, pues de llevar años de roce, de trato, y con una experiencia profesional bastante parecida, pues, esa colaboración en el día a día pues se hace muy eficaz.
- Siempre pienso que una hora que no viva con mi hijo ya nunca va a existir. Entonces, pues me cuesta, me cuesta... entonces... pienso mucho en eso e intento compatibilizarlo lo más posible.
- Siempre tendremos ese, yo creo que, ese juego, esa oposición ¿no?, pues entre tiempo de trabajo y tiempo de familia. Pero yo creo que... que sobretodo, utilizando bien, bien el fin de semana, bueno, pues que puedes tener un planteamiento familiar estable y, al mismo tiempo, un planteamiento profesional exigente.
- ¿El espíritu emprendedor? Yo creo que el espíritu emprendedor es una especie... es una inquietud. El que va al monte y tiene el camino y siempre dice en el grupo: «Oye, y si vamos por aquel otro sitio, seguro que llegamos primero...». Ese es el emprendedor.
- Pero yo creo que el espíritu emprendedor está en... impregna la naturaleza de las personas; me parece algo muy difícil de adquirir, y al revés. Me parece algo que cuando está presente en la personalidad, en el carácter, en la orientación, del futuro de esa persona, brota.

UNIDAD 8
Vídeo: LA FARGA LACAMBRA

La Farga es una sociedad industrial que trabaja en el sector de los semielaborados del cobre pero básicamente es una sociedad que su[1] materia prima es el reciclado de cobre. Se inició en el 1808 y hay que decir que es la época en que Napoleón estaba en España, por lo tanto hace muchos años y se inició en un barrio de... del puerto de Barcelona, que es la Barceloneta. Allí se hizo un pequeño taller, [se] empezó a evolucionar la compañía... Ahora, realmente hay dos puntos importantes de expansión de la compañía: uno es en 1920, que es cuando se planteó una industria del laminado de cobre importante, y el otro punto de... de vuelta de la compañía fue en los años 80, con la entrada de España dentro del mundo global europeo. Esta compañía tuvo grandes dificultades y es cuando se inventó un proceso de... de recuperación de cobre a productos semielaborados con una planta de colado continua que inventamos nosotros. Siempre las situaciones críticas agudizan el ingenio, ¿no? Entonces nosotros nos encontramos con una dificultad importante y... inventamos un proceso que en el mundo no existía, ¿no? Un proceso, digamos, de colada continua que utilizaba como materia prima materiales secundarios y esto nos dio una expansión a futuro muy grande por las ventajas, digamos, tecnológicas que aportaba el proceso. Entonces a lo largo de 200 años una empresa como la nuestra, que es plenamente industrial... el haber subsistido... quiere decir que, a lo largo de estos años, hemos pasado de cambiar el producto pues desde hacer cañones y campanas a hacer circuitos de antena para los satélites, ¿no? Por lo tanto, para mí, la base del emprendedor es que dé libertad a su capacidad innovadora que tenemos todos dentro. Estamos en países como la India, China, Corea, Cuba, pero también Irán, Rusia... Pero también en países desarrollados como EE.UU. Entonces esto nos ha dado una visión global. Si se va por el mundo y se habla de recuperación de cobre, la gente habla de La Farga. Es decir, nuestro nombre está vinculado a la recuperación en el mundo y entonces yo creo que esto es un placer.

[1] Debería decir «cuya».